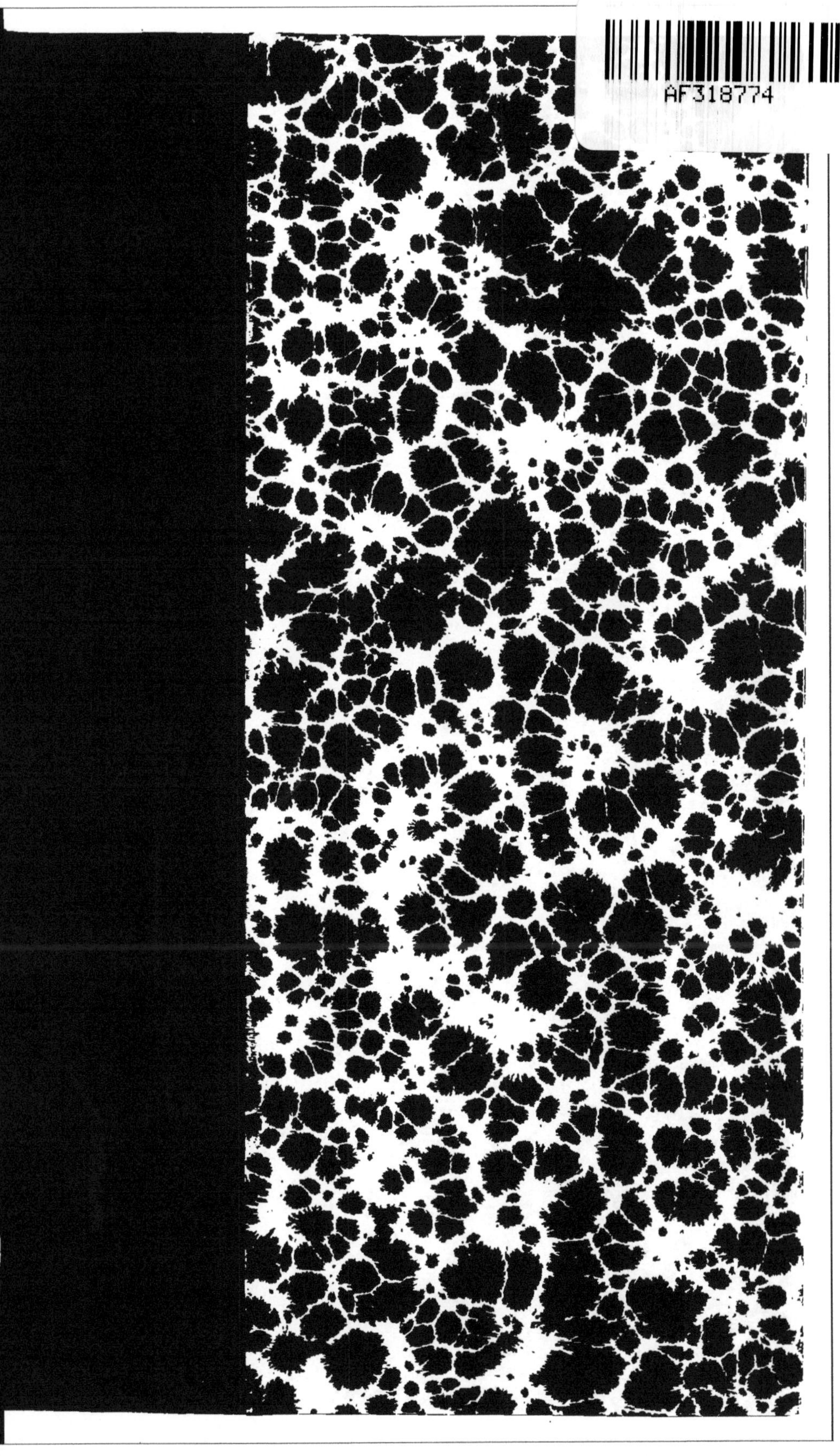

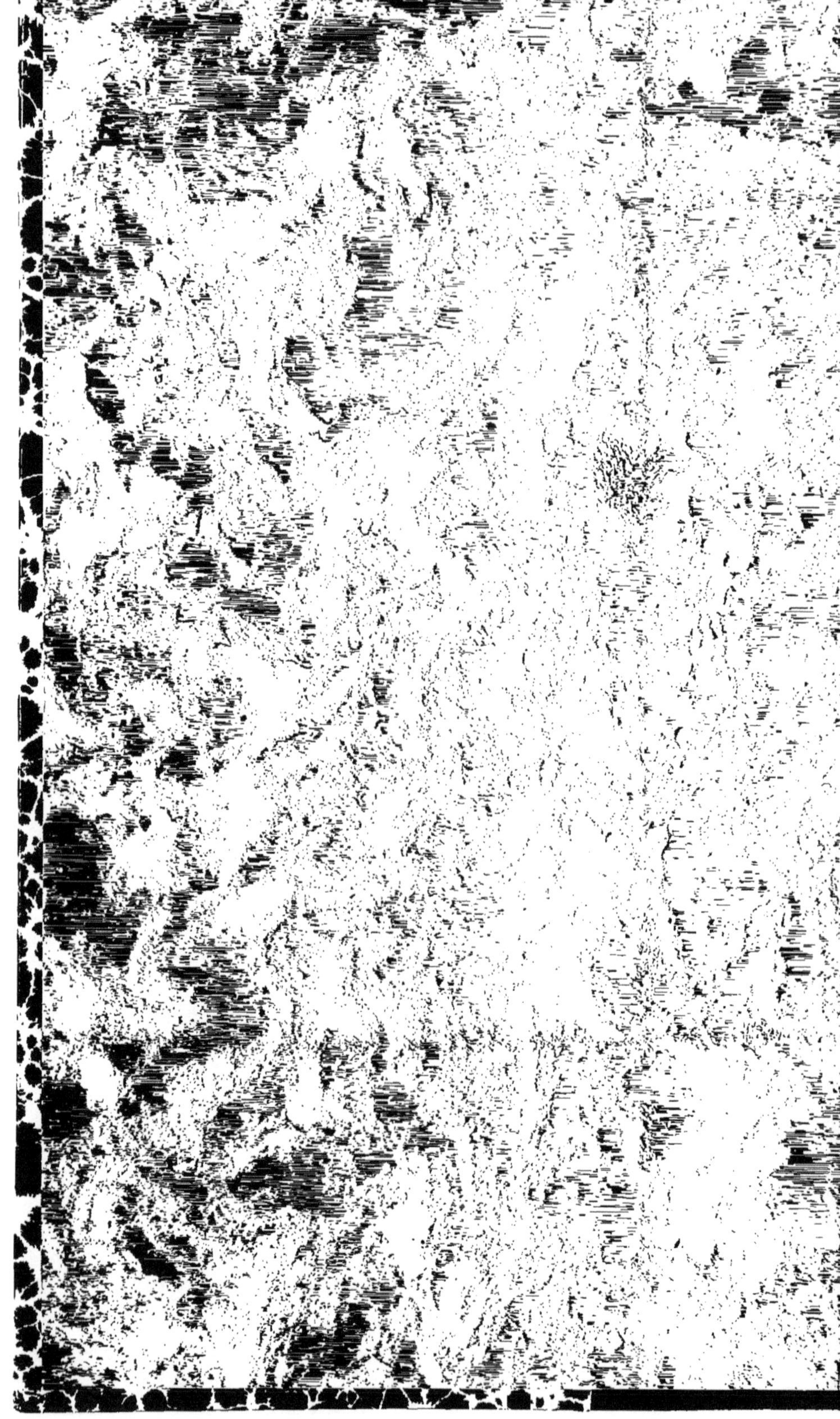

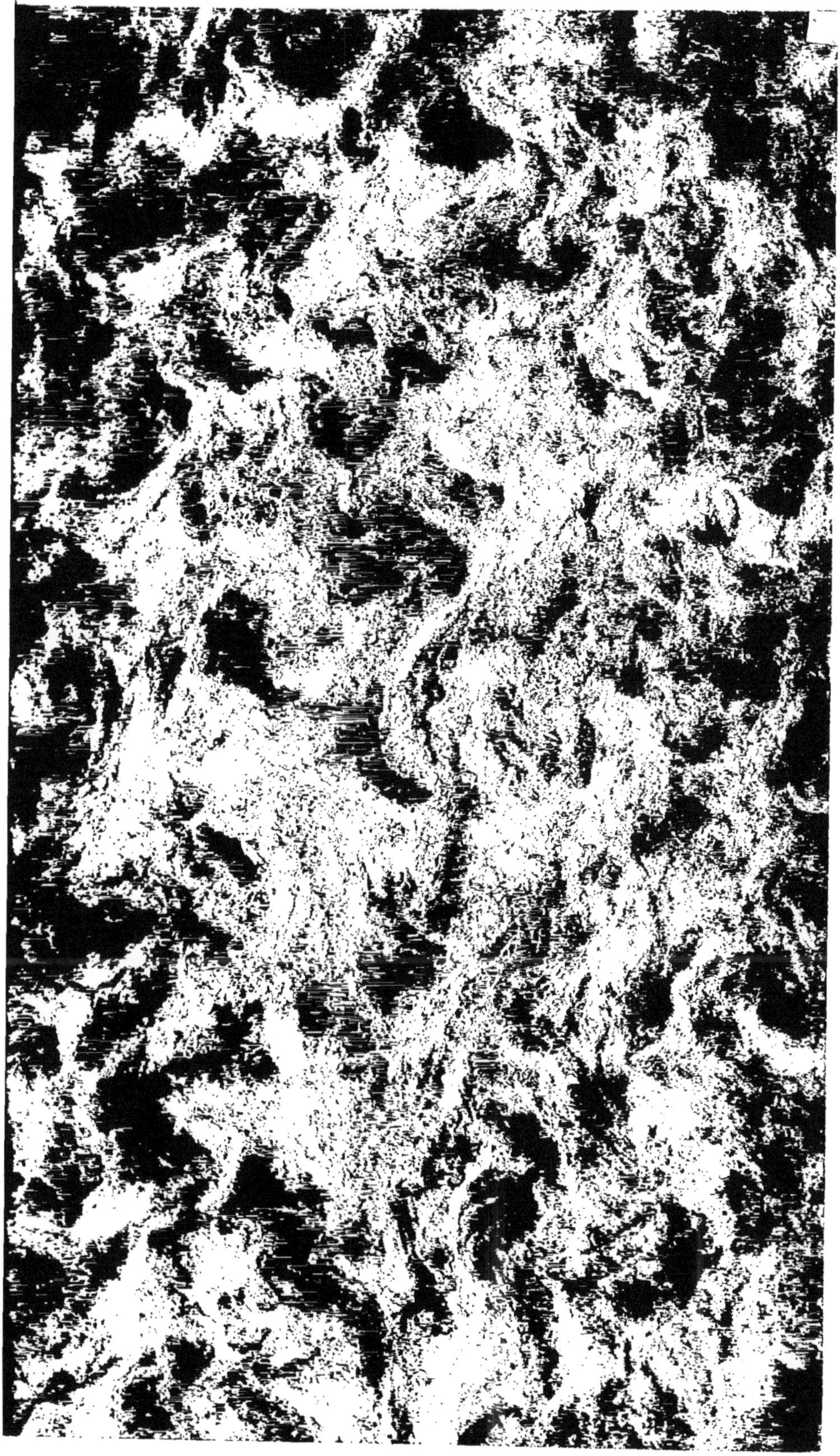

CÉRÉMONIAL

DE

L'ASSOCIATION RELIGIEUSE

DES DAMES DE LA CHARITÉ

DE S. BENOIT.

790

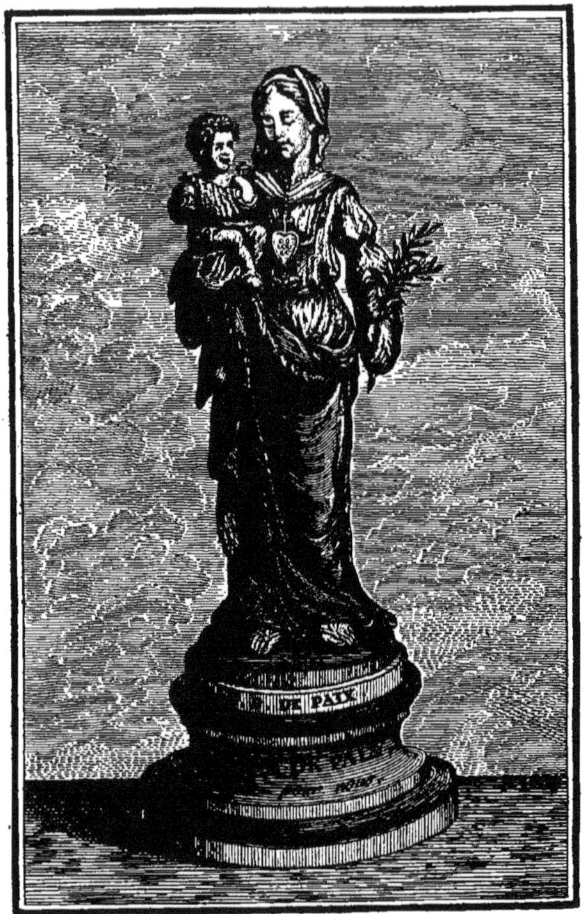

Je vous salue, Auguste Reine de paix, très-Ste. Mère de Dieu ; je vous conjure par le Cœur de Jésus, prince de paix, de nous obtenir la paix tant désirée.

à Paris, Chez JAGOT, Successeur de Pasquier, place de Cambray, N°. 4.

Déposé à la Bibliothèque Nationale.

CÉRÉMONIAL

DE

L'ASSOCIATION RELIGIEUSE

DES DAMES DE LA CHARITÉ

DE S. BENOIT,

ÉTABLIE A PARIS,

PAR H. L. G. D****.

Autorisée par le Décret impérial du 7 mars 1806, fondée par celui du 25 juin 1806, et définitivement approuvée par Décret du 23 avril 1807, avec permission de l'étendre dans les divers lieux de la France.

DÉDIÉ A NOTRE-DAME DE PAIX.

A PARIS.

M. DCCC. IX.

UTILITÉ DES CÉRÉMONIES.

L'HOMME étant composé de corps et d'ame doit appliquer l'un et l'autre à honorer Dieu; l'ame par le culte intérieur, et le corps par le culte extérieur. Ce n'est pas que Dieu ait besoin de ces signes extérieurs pour connoître l'intérieur de l'homme; mais c'est par ces exercices corporels que l'homme s'encourage et se réveille pour prier et gémir avec plus de ferveur et d'humilité.

C'est donc en ceci que vous devez faire paroître votre sagesse et votre intelligence devant tout le monde en la sainte présence de Dieu, afin qu'il agrée toutes vos prières et supplications, et que toute gloire lui soit à jamais rendue.

CÉRÉMONIAL

DE

L'ASSOCIATION RELIGIEUSE

DES DAMES DE LA CHARITÉ

DE S. BENOIT,

Établie à Paris, d'après les décrets impériaux d'autorisation définitive.

QUAND les souverains, princes ou princesses viennent, pour la première fois, dans cette communauté, dès qu'on les voit arriver, on sonne toutes les cloches, et on ne discontinue que quand ils arrivent à l'Église. Les ecclésiastiques seront revêtus d'un surplis; le premier, d'un surplis et d'une chape. Les religieuses seront à l'Église revêtues de leurs grands habits, et se mettront à genoux; les anciennes, le plus près de la grille.

Lorsqu'ils sont près de l'Église, les ecclésiastiques vont en procession, avec la croix, à la première porte pour les y recevoir. Entrant dans l'Église, le célébrant leur présente l'aspersoir; ils se mettent ensuite à genoux sur les carreaux préparés; le célébrant leur présente la croix à baiser; on les conduit au grand autel; on touche l'orgue, pendant leur entrée; on chante le *Te Deum laudamus*, ou le Cantique *Benedictus*, si c'est dans la Semaine Sainte, avec les versets et oraisons marqués au Pontifical.

Si leurs majestés ou des princes demandent à entrer dans la clôture, sans entrer dans l'Église, les ecclésiastiques iront les conduire à la porte du monastère, où la supérieure et les religieuses iront les recevoir processionnellement avec la croix, et l'eau bénite: on chantera, selon le temps, le *Te Deum*, ou le *Benedictus*, sans versets ni oremus, et les conduisant dans leur chœur, d'où la supérieure, accompagnée de deux ou trois, les menera aux endroits les plus marquans, ayant tout préparé à cet effet, afin de leur procurer une réception digne et convenable.

Cérémonie qu'on doit observer lors de la première entrée de Mgr l'Archevêque.

Lorsque Mgr l'Archevêque viendra faire la visite en ce monastère, la sacristine aura soin que l'Église et les autels soient proprement ornés, et mettra, au côté de l'épître du grand autel, le cérémonial pour dire les oraisons, et sur la dernière marche de l'autel un siége, où il y aura un prie-Dieu couvert d'un tapis avec un carreau, et sur la crédence une étole et une chape; on préparera quatre flambeaux, deux cierges, avec les autres choses nécessaires pour la visite du très-Saint-Sacrement : elle mettra dans la sacristie, la croix, deux chandeliers garnis de leur cierges, le bénitier, l'encens, et une seconde étole.

On sonnera sept clins pour assembler toute la communauté : les religieuses resteront à genoux, leurs cierges allumés. Aussitôt l'arrivée de Mgr l'Archevêque les prêtres iront le recevoir avec la croix, les deux acolytes tenant les deux cierges allumés : deux autres porteront le bénitier avec son aspersoir, une petite sonnette; un autre, l'encensoir plein de feu; et suivront quelques autres prêtres, processionnellement, en bon ordre. Étant à la porte, devant lui, le plus ancien lui fera une courte harangue, et le conduira à l'Église où, en entrant, le chapelain lui présentera, avec l'aspersoir, de l'eau bénite; un autre, l'encensoir pour bénir l'encens, avec les cérémonies ordinaires; et le chapelain, après avoir encensé trois fois le visiteur, et fait une profonde inclination, remet l'encensoir à celui qui le portoit. Pendant ces cérémonies, celui qui porte la sonnette, la sonnera pour donner le signal à la sacristine d'ouvrir les rideaux de la grille; et les chantres qui sont à genoux devant la grille commencent, si c'est Mgr l'Archevêque, ou Évêque, l'antienne *Sacerdos et Pontifex :* si ce n'est qu'un envoyé de sa part pour visiter, on chantera *Ecce Sacerdos magnus*, que le chœur poursuivra fort posément, et solennellement, pendant lequel on le conduira devant le grand autel, où il se mettra à genoux, au siége préparé. L'antienne achevée, on dira les versets et l'oraison suivante, auxquels les religieuses répondront :

Ecce Sacerdos magnus qui in diebus suis placuit Deo; † Ideò jure, jurándo fecit illum Dominus crescere in plebem suam.

V. Benedictionem omnium gentium dedit illi, et testamentum suum confirmavit super caput ejus, † Ideo. Gloria Patri et Filio, et Spiritui Sancto † Ideo, etc.

Si c'est un Évêque.

Ant. Sacerdos et pontifex et virtutum opifex, pastor bone, in populo sic placuisti Domino.

V. Protector noster aspice Deus.

R. Et respice in faciem Christi tui.

V. Salvum fac servum tuum.

R. Deus meus sperantem in te.

V. Mitte ei, Domine, auxilium de sancto.

R. Et de Sion tuere eum.

V. Nihil proficiat inimicus in eo.

R. Et filius iniquitatis non apponat nocere ei.

V. Domine exaudi orationem meam.

R. Et clamor meus ad te veniat.

V. Dominus vobiscum.

R. Et cum spiritu tuo.

OREMUS.

Deus, humilium visitator, qui eos, paternâ dilectione, consolaris, prætende societati nostræ gratiam tuam, ut per eos in quibus habitas, tuum in nobis sentiamus adventum. Per Christum Dominum nostrum.

Après cela, on chantera une antienne à la Ste Vierge, avec le *verset* et l'*Oremus*.

Pendant cette antienne, le chapelain présente l'étole au visiteur, et l'encensoir : si c'est Mgr l'Archevêque, on lui présente à laver ses mains, et on tient allumée une bougie sur une crédence que doit toujours porter, lorsqu'il marche, devant ou à côté, un acolyte en surplis. Après avoir encensé, trois coups, le Très-Saint-Sacrement, on chante : *O Salutaris ;* Oremus : *Deus qui nobis sub*, etc.

Le visiteur ayant donné la bénédiction, le chapelain ayant remis le S.-Sacrement dans le tabernacle, lui présente l'étole noire pour faire l'absolution des prêtres, selon les cérémonies portées au Pontifical : les prêtres qui l'assistent lui répondent.

Cela étant achevé, il visitera les saintes huiles et les autels, et on commencera la sainte messe, si c'est le matin.

Si l'Évêque ou l'Archevêque n'entre pas dans la clôture, on chantera le *Te Deum* après la sainte messe, avec le verset.

V. Benedicamus Patrem et Filium cum Sancto Spiritu.

R. Laudemus et superexaltemus eum in secula.

OREMUS.

Omnipotens sempiterne Deus, qui dedisti famulis tuis in confessione veræ fidei æternæ Trinitatis gloriam agnoscere, et in potentiâ majestatis adorare unitatem, quæsumus, ut, ejusdem fidei firmitate, ab omnibus semper muniamur adversis. Per Christum Dominum nostrum. Amen.

Prières lorsque la supérieure assemble son conseil.

Les mères discrètes étant réunies, la supérieure commence le *Veni Sancte* et les *Oremus*, et finit l'assemblée par le verset et l'oraison suivante :

V. Manda Deus virtuti tuæ.

R. Confirma hoc, Deus, quod operatus es in nobis.

OREMUS.

Præsta nobis, quæsumus, Domine, auxilium gratiæ tuæ, ut quæ, te autore, facienda cognovimus, hœc, te operante, impleamus. Per Christum Dominum nostrum. Amen.

Lorsqu'il s'agit d'affaires temporelles, la supérieure terminera l'assemblée par le verset et l'Oremus suivans :

V. Mitte nobis, Domine, auxilium de sancto.

R. Et de Sion tuere nos.

OREMUS.

Protector in te sperantium Deus, sine quo nihil est validum, nihil sanctum, multiplica super nos misericordiam tuam, ut te rectore, te duce, sic transeamus per bona temporalia, ut non amittamus æterna. Per Christum Dominum nostrum. Amen.

Prières et cérémonies que l'on doit faire, lors des élections et réceptions en chapitre.

La messe de cette heure sera dite en l'honneur du Saint-Esprit, et à la fin de cette messe, on dira l'hymne *Veni Creator*, les *versets* et *Oremus*.

V. *Emitte*. R. *Et renovabis*. V. *Ora pro nobis*. R. *Ut digni*. V. *Justus ut palma*. R. *Et florebit*. V. *Domine exaudi*. R. *Et clamor*.

OREMUS.

Spiritum nobis, quæsumus, Domine, tuæ caritatis infunde, ut quos uno pane satiasti, tua facias pietate concordes.

Defende, quæsumus, Domine, beatâ Mariâ semper Virgine intercedente, istam ab omni adversitate familiam, et toto corde tibi prostratam, ab hostium propitiùs tuere clementer insidiis.

Excita, Domine, in Ecclesiâ tuâ, spiritum cui beatus Benedictus abbas servivit, ut eodem nos repletæ, studeamus amare quod amavit, et opere exercere quod docuit. Per Christum Dominum nostrum. Amen.

Le chapitre fini, la supérieure commence *Laudate Dominum omnes gentes*, et finit par le verset :

Benedicamus Patrem et Filium, cum Sancto Spiritu.

Laudemus et superexaltemus eum in secula.

OREMUS.

Actiones nostras, quæsumus, Domine, aspirando præveni, et adjuvando prosequere, ut cuncta nostra oratio, et operatio, à te semper incipiat, et per te cœpta finiatur. Per Christum Dominum nostrum.

Après cela, on commence le *De profundis*, qui est continué à l'ordinaire.

Lorsqu'il est question du chapitre principal, on fait les prières des quarante heures.

Extrait du cérémonial des religieuses de l'ordre de S. Benoît, dévouées à l'adoration perpétuelle, et à l'enseignement gratuit des jeunes Demoiselles.

PRISE D'HABIT D'UNE SÉCULIÈRE.

La veille, la sacristine aura soin de préparer toutes les choses nécessaires pour la cérémonie (du lendemain), savoir : tapis, cierges, aubes, surplis, autres objets et ornemens d'usage.

Le jour de la prise d'habit arrivé, après la première messe, on rendra l'aspirante à sa famille. La révérende mère prieure, ou la maîtresse des novices, en la présentant à ses parens, leur dira :

Messieurs et Mesdames, nous vous remettons Mademoiselle votre parente, pour lui donner une entière liberté de choisir le monde, ou d'entrer dans la sainte religion.

L'heure de la cérémonie étant arrivée, la postulante sera conduite à l'Église par ses parens, ou par les personnes qui les représentent, et accompagnée d'une jeune enfant qui se tiendra près d'elle.

En entrant dans l'Église avec recueillement, elles feront une profonde révérence au Saint-Sacrement, et se mettront à genoux, à la place préparée, où se trouvera un cierge allumé près de la postulante. Le saint sacrifice de la messe étant offert à son intention, elle unira son cœur, sa volonté à Notre-Seigneur, lui demandant d'entrer dans ses saintes dispositions.

La messe sera chantée solennellement, selon la dignité du jour, du Saint-Sacrement, du Saint-Esprit ou de la Sainte Vierge. Le célébrant dira une oraison pour la novice, qui se trouve à la fin du missel. L'aspirante tiendra un cierge, pendant le Veni Creator *et l'Evangile; elle sera conduite à l'offrande par ses parens, y portera son cierge, symbole de la qualité qu'elle va prendre. Le prix de son offrande sera quelques pièces d'or, pour signifier la vraie charité avec laquelle elle s'immole à Dieu. A la communion, elle se présentera seule à la balustrade, et s'en retournera à sa place. Aussitôt après la sainte messe, commencera le sermon, après lequel elle prendra son cierge, et sera conduite devant l'officiant qui, demeurant assis pendant que tous les assistans seront debout, et l'aspirante à genoux, l'officiant lui fera les demandes suivantes :*

Ma chère fille, quel est votre dessein ?

L'ASPIRANTE.

M., ou mon Révérend Père, mon dessein est, assistée de la grâce de Dieu, d'entrer dans ce monastère, et d'y être religieuse, pour y honorer et adorer Jésus-Christ, immolé sur nos autels en esprit de réparation, et pour m'employer, selon la sainte obéissance, à l'éducation des enfans.

L'OFFICIANT.

Vous ne pouvez avoir un dessein plus excellent, plus glorieux à Dieu, et plus avantageux à votre salut. Mais avez-vous pensé sérieusement aux obligations que tous ces devoirs vous imposent ?

L'ASPIRANTE.

Oui, M.; et, appuyée sur les miséricordes de N. S. J. C., j'espère m'en acquitter.

L'OFFICIANT.

Nous croyons que c'est le mouvement de la grâce de Dieu qui vous fait prendre cette sainte résolution; mais afin qu'il vous éclaire dans l'exécution de votre généreux dessein, nous allons demander avec vous les lumières du Saint-Esprit.

On chantera le Veni Creator. *V*. Emitte Spiritum, etc. *R*. Et Renovabis, etc. Oremus : Deus qui corda, etc., et Deus qui nobis sub Sacramento, etc.

Après ces oraisons, l'officiant et ses assistans se retournent vers l'aspirante; l'officiant lui impose les mains sur la tête, pour l'offrir à Dieu; ensuite il chante :

V. Adjutorium nostrum in nomine Domini.	*V*. Notre secours est dans le nom du Seigueur.
R. Quifecit cœlum et terram.	*R*: Qui a fait le ciel et la terre.

OREMUS.

Respice, Domine propitiùs, super hanc famulam tuam, et eam custodia tuæ muniat pietatis, ut sanctæ religionis propositum, quod, te inspirante, suscepit, te protegente, illæsum custodiat. Sit in eâ, Domine, per donum Spiritûs tui, prudens modestia, sapiens benignitas, gravis lenitas, casta libertas. In caritate ferveat, et nihil extrà te diligat; laudabiliter vivat, laudarique non appetat; te in sanctitate corporis, te in animæ suæ puritate glorificet, amore te timeat, amore tibi serviat. Tu ei sis honor; tu gaudium, tu voluntas, tu in mœrore solatium, tu in ambiguitate consilium, tu in injuriâ defensio, in tribulatione

PRIONS.

Regardez favorablement, Seigneur, votre servante, et mettez-la sous la sauve-garde de votre bonté paternelle, afin que, par le secours de votre grâce, elle conserve l'habit de la sainte religion qu'elle va prendre, et dont vous lui avez inspiré le désir. Donnez-lui, Seigneur, par la vertu du Saint-Esprit, une modestie prudente, un esprit de sagesse, de douceur, mêlé de fermeté, la sainte liberté de vos enfans, et qu'elle n'aime que vous; qu'elle vive d'une manière louable, sans désirer les louanges; qu'elle vous glorifie par la sainteté de sa vie, et la pureté de son ame; qu'elle vous craigne par amour, qu'elle vous serve de même, qu'elle mette sa gloire, son bonheur, sa volonté à vous plaire. Soyez sa consolation dans ses peines, son conseil dans les perplexités, sa défense dans les contradictions et injustices qu'elle aura à essuyer, sa pa-

patientia, in paupertate abundantia, in jejunio cibus, in infirmitate medicina, in te habeat omnia, quem diligere appetat super omnia; per te, quod nunc proponit, custodiat, et scrutatori pectorum, non corpore placitura, sed mente, transeat in numerum electorum tuorum.

Qui vivis et regnas in secula seculorum.

R. Amen.

tience dans les afflictions, sa richesse dans la pauvreté, sa nourriture dans le jeûne, son médecin dans ses infirmités; qu'elle possède tout en vous, qu'elle désire aimer par dessus toutes choses; qu'elle soit fidèle à observer la règle qu'elle se propose d'embrasser maintenant; enfin, que pour plaire à Dieu, scrutateur des cœurs, non-seulement par des actions extérieures, mais encore plus par ses affections, elle soit admise au nombre de vos élus, par J. C. N. S.

Ainsi soit-il.

Aussitôt les chantres entonneront l'antienne:

Prudentes Virgines, aptate vestras lampades; ecce sponsus venit, exite obviam ei.

Vierges sages, préparez vos lampes; voici l'époux qui vient, allez au-devant de lui.

L'officiant et ses assistans se rendront en procession, avec la croix et l'eau bénite, à la porte du monastère; l'aspirante les suivra, accompagnée de ses parens. Les reli-

gieuses sortiront de leur côté, en chantant le pseaume CXX.

Levavi oculos meos in montes, unde veniet auxilium mihi.

J'ai levé les yeux vers les montagnes, pour voir d'où me viendra du secours.

Auxilium meum à Domino, qui fecit cœlum et terram.

Mon secours vient du Seigneur, qui a fait le ciel et la terre.

Non det in commotionem pedem tuum : neque dormiet qui custodit te.

Qu'il ne permette point que votre pied soit ébranlé, et que celui qui vous garde ne s'endorme.

Ecce non dormitabit, neque dormiet : qui custodit Israël.

Certes, celui qui garde Israël, veillera toujours, et il ne sera pas surpris du sommeil.

Dominus custodit te : Dominus protectio tua, super manum dexteram tuam.

Le Seigneur, est celui qui vous garde : le Seigneur est votre protecteur, c'est lui qui vous tient par la main droite.

Per diem sol non uret te, neque luna per noctem.

Le soleil ne vous brûlera point, pendant le jour, ni la lune ne vous nuira point, pendant la nuit.

Dominus custodit te ab omni malo : custodiat animam tuam Dominus.

Le Seigneur vous délivrera de tout mal : que le Seigneur prenne votre ame en sa garde.

Dominus custodiat introitum tuum, et

Que le Seigneur vous garde à votre entrée et à votre sor-

exitum

exitum tuum, ex hoc nunc et usque in seculum.

tie, depuis ce temps jusqu'à jamais.

Gloria Patri et Filio, etc.

Gloire soit au Père, au Fils, etc.

Pendant cette procession, et le chant de ce pseaume, deux postulantes, avec des écharpes sur leurs bras, porteront, l'une la croix, l'autre la couronne d'épines, et suivront la révérende mère, la croix à droite, la couronne à gauche. Etant toutes sorties, et arrivées à la porte de l'avant-chœur, en bel ordre, les plus âgées, près la porte de clôture, laisseront un grand espace pour laisser passer la révérende mère, et ses deux assistantes. Si le pseaume ne suffit pas, les chantres reprendront le dernier verset, après Dominus custodiat, etc., *après lequel le chœur reprendra l'antienne* Prudentes Virgines, *et toutes les religieuses rangées, on dira* Gloria Patri, etc. *Ensuite les portières ouvriront la porte, toutes les religieuses salueront, par une inclination, l'assemblée qui en fera une semblable. La postulante fera la révérence, se mettra à genoux, les mains jointes, à la place préparée.*

L'officiant s'adressant à la révérende mère, lui dira :

Mme, au nom de toute l'Eglise, je vous présente cette personne qui vous demande d'être reçue dans votre maison, au nombre de celles qui se dévouent à l'adoration du Très-Saint Sacrement, et à l'éducation des enfans.

La révérende mère, ayant fait une inclination, dira :

M., nous recevons très-volontiers, celle que vous nous présentez, au nom de l'Eglise ; mais avant qu'elle fasse son entrée dans ce monastère, agréez qu'elle expose ses souhaits, et que nous lui demandions quelles sont ses intentions.

La révérende mère Prieure, s'adressant à la postulante, lui dit :

Ma fille, quelle est votre intention ?

Ma très-révérende mère, je vous demande très-humblement l'entrée, et le saint habit, étant animée d'une volonté sincère, de consacrer le reste de mes jours en hommages et réparations au Très-Saint Sacrement de l'autel, et à l'enseignement des jeunes personnes, selon la règle du glorieux père S. Benoît, les réglemens et statuts de ce monastère.

La révérende mère Prieure.

Vous me paroissez décidée à mener une vie pénitente ; mais il faut encore vous rappeler que celles qui veulent se fixer dans cette école de vertus, doivent renoncer à leur propre volonté, n'avoir d'autre intention que de plaire à Dieu, s'exerçant continuellement à se rendre conforme à l'image de son Fils unique crucifié. Et pour parvenir à la perfection de l'état auquel vous nous suppliez de vous admettre ; il faut supporter contradictions, travaux, peines intérieures et extérieures. Nous prions le Dieu tout-puissant et bon, qui, par sa divine miséricorde, vous y appelle, qu'il vous assiste de sa sainte protection, afin que vous suiviez avec humilité et fidélité les inspirations de sa grâce, et que vous trouviez votre force au pied de sa sainte croix.

La révérende mère, en lui présentant la croix, se met à genoux.

L'aspirante prenant le crucifix que lui présente la révérende mère, l'adorera, et on entonnera O Crux Ave, *si c'est hors le temps pascal, sinon on chantera,*

Dulcissime Domine Jesu Christe, per virtutem sanctissimæ passionis tuæ, suscipe me in numero victimarum tuarum.

Mon très-doux Seigneur Jésus-Christ, par la vertu de votre sainte passion, recevez-moi au nombre de vos fidèles servantes.

Les religieuses, après une inclination, s'en retournent pendant que la postulante se lève pour demander la bénédiction de ses parens. En se retirant processionnellement; le clergé du côté de l'Église, les religieuses à l'intérieur, entonneront sur le sixième ton.

Lætatus sum in his quæ dicta sunt mihi: in domum Domini ibimus.

Je me suis réjoui lorsqu'on m'a dit : nous irons en la maison du Seigneur.

Stantes erant pedes nostri, in atriis tuis Jerusalem.

Nos pieds étoient fermes dans votre enceinte, ô Jérusalem.

Jerusalem quæ edificatur ut civitas; cujus participatio ejus in idipsum.

Jérusalem est bâtie comme une ville, dont tous les habitans sont unis ensemble.

Illuc enim ascenderunt tribus, tribus

Car c'est dans elle que sont venues toutes les tri-

Domini : testimonium Israel ad confitendum nomini Domini.

Quia illic sederunt sedes in judicio : sedes super domum David.

Rogate quæ ad pacem sunt Jerusalem ; et abundantia diligentibus te.

Fiat pax invirtute tua, et abundantia in turribus tuis.

Propter fratres meos, et proximos meos, loquebar pacem de te.

Propter domum Domini Dei nostri, quæsivi bona tibi.

Gloria Patri et Filio, etc.

bus, toutes les tribus du Seigneur, selon l'ordre qu'il en avoit donné à Israël, pour y célébrer son nom.

C'est là que sont établis les trônes de la justice, les trônes, sur la maison de David.

Demandez ce qui regarde la paix de Jérusalem : ô Cité sainte, que ceux qui vous aiment, soient dans l'abondance.

Que la paix soit dans vos forteresses, et que l'abondance règne dans vos tours.

Je parlois de ce qui regarde votre paix, ô Jérusalem, à cause que mes frères et mes proches sont vos habitans.

J'ai cherché à vous procurer du bien, parce que la maison du Seigneur notre Dieu est dans votre enceinte.

Gloire soit au Père, au Fils, etc.

Pendant ce pseaume les religieuses conduiront l'aspirante devant la grille du chœur. Étant à genoux, la révérende mère Prieure lui posera sur la tête la couronne d'épines, en lui disant :

Ma fille, vous devez porter les épines en ce monde, pour recevoir dans le ciel une couronne de gloire immortelle.

Les chantres pendant ce temps chanteront :

Veni, veni sponsa Christi, accipe coronam, quam Deus promisit diligentibus se.

Venez, venez épouse de Jésus-Christ, acceptez la couronne que Dieu a promise à ceux qui l'aiment.

L'apirante se lève et chante l'antienne :

Elegi abjecta esse in domo Dei mei Jesu-Christi, magis quàm habitarè in tabernaculis peccatorum.

J'ai préféré une cellule dans la maison de Dieu, aux magnifiques palais des grands du monde.

Cette antienne achevée, elle se mettra à genoux, et l'officiant étant près de la grille, elle dira :

Monsieur, je vous supplie de me faire la grâce de benir mon entrée dans la sainte religion.

L'officiant chantera,

V. Dominus vobiscum.

V. Le Seigneur soit avec vous.

℟. Et cum spiritu tuo.

℟. Et avec votre esprit.

OREMUS.

Domine Jesu-Christe, rex regum et Domine dominantium, qui à patre egrediens, et in mundum ingrediens, ut nos de manibus inimici liberares, et ad Patriam paradisi revocares, de immaculatâ Virgine, carnem mundissimam suscepisti; respice super hanc famulam tuam, mundum cum pompis suis relinquentem, et in hoc sacro monasterio, tibi, Domine, Deo suo vero, sanctarum animarum sponso, eam, tanquam amoris tui victimam, perpetuò facias deservire, ut cum dies extrema finisque ejus advenient, emundata ab omnibus peccatis,

PRIONS.

Seigneur Jésus-Christ, roi des rois, et souverain des souverains, qui sortant de la gloire de votre Père pour entrer dans le monde, et venir nous délivrer des mains de l'ennemi de notre salut, et nous rappeler au Paradis notre patrie, qui avez pris un corps exempt de tout péché, dans le sein d'une Vierge très-pure; jetez un regard favorable sur votre nouvelle servante, résolue de quitter le monde avec toutes ses pompes; faites qu'elle vous serve constamment dans ce saint monastère, comme une victime embrasée d'amour pour vous qui êtes son Dieu, le fidèle époux des saintes ames, afin que quand elle sera arrivée au terme de sa vie, purifiée de tous ses péchés, elle puisse parvenir au royaume des Cieux, où vous vivez à

ad regna cœlestia valeat pervenire; qui vivis et regnas Deus, in secula seculomur.

R. Amen.

jamais, et régnez éternellement.

Ainsi soit-il.

L'officiant, en l'aspergeant d'eau bénite, dira à haute voix :

Benedictus sit talis exitus, multò magis, introitus, in nomine Patris † et Filii, et Spiritûs Sancti.

Amen.

Benie soit une telle sortie, disons, plutôt, une telle entrée, au nom du Père, et du Fils, et du Saint-Esprit.

Ainsi soit-il.

L'officiant se retourne pour bénir les habits; ensuite la maîtresse des novices l'emmène à l'écart, et se mettant à genoux, la révérende mère lui ôtera la croix et la couronne d'épines, et la seconde sacristine apportera le bassin, dans lequel seront les ciseaux pour couper les cheveux, lesquels seront présentés par la mère maîtresse à la révérende mère Prieure.

Le chœur, pendant ce temps, chantera le pseaume LXXXIII, *et* l'Ave maris stella.

Quàm dilecta tabernacula tua, Domine virtutum, concupiscit et deficit anima

Que vos tabernacles sont aimables, ô Dieu des armées! mon ame ne sauroit plus soutenir l'ardeur avec laquelle mea, in atria Domini.

elle soupire après la demeure du Seigneur.

Cor meum et caro mea exultaverunt in Deum vivum.

Mon cœur, et mon ame, sont transportés de joie au moment que je pense au Dieu vivant.

Etenim passer invenit sibi domum, et turtur nidum sibi, ubi ponat pullos suos.

Le passereau sait se trouver une demeure; la tourterelle sait se faire un nid, où elle met ses petits à couvert des injures du temps.

Altaria tua, Domine virtutum : rex meus et Deus meus.

Que ne puis-je ainsi dans mes malheurs, ô Seigneur tout-puissant! ô mon roi! ô mon Dieu! trouver un asile dans votre sanctuaire.

Beati qui habitant in domo tuâ Domine; in secula seculorum laudabunt te.

Heureux ceux qui habitent dans votre maison, Seigneur! ils n'ont point d'autres occupations que de vous louer.

Beatus vir, cujus est auxilium abs te; ascensiones in corde suo disposuit, in valle lacrymarum, in loco quem posuit.

Mais heureux encore celui qui, dans l'affliction, met tout son appui en vous, qui, dans cette vallée de larmes, dans ce lieu d'épreuves, où votre Providence l'a conduit, s'élève par les degrés d'une vive espérance au dessus de ses peines.

Etenim benedictionem dabit legisla-

Car le souverain législateur fera sentir sa bonté à

tor; ibunt de virtute in virtutem : videbitur Deus Deorum in Sion.

ceux qui espèrent en lui; il augmentera leurs forces de plus en plus, jusqu'à ce qu'arrivés à Sion, ils y jouissent de la présence du Dieu des Dieux.

Domine, Deus virtutum, exaudi orationem meam : auribus percipe, Deus Jacob

Exaucez donc ma prière, Seigneur, Dieu tout-puissant; écoutez, Dieu de Jacob, les vœux que je vous adresse pour revoir votre tabernacle.

Protector noster aspice Deus : et respice in faciem Christi tui.

O Dieu, notre protecteur, regardez-nous; jetez les yeux sur celui que vous avez oint roi de votre peuple, et rappelez-le dans votre demeure.

Quia melior est dies una in atriis tuis super millia.

Un seul des jours que je passerai dans ce saint lieu, me sera infiniment plus doux que mille autres que je passerois partout ailleurs.

Elegi abjectus esse in domo Dei mei, magis quàm habitare in tabernaculis peccatorum.

J'aimerois mieux demeurer obscur et méprisé dans la maison de mon Dieu, que de demeurer honoré et distingué parmi les pécheurs.

Quia misericordiam, et veritatem diligit Deus : gratiam,

Dieu aime à faire miséricorde, et à montrer sa fidélité dans ses promesses; il

et gloriam dabit Dominus.

me rendra son amitié et ma gloire.

Non privabit bonis eos qui ambulant in innocentiâ : Domine virtutum, beatus homo qui sperat in te.

Il comblera de biens ceux qui vivent dans l'innocence : heureux donc, Dieu tout-puissant, l'homme qui espère en vous.

Gloria Patri et Filio, etc.

Gloire au Père et au Fils, etc.

Ave maris stella,
Dei mater alma,
Atque semper virgo
Felix, cœli porta.

Je vous salue, brillante étoile de la mer, qui, en mettant au monde le Sauveur, nous avez heureusement procuré l'entrée du ciel.

Sumens illud ave
Gabrielis ore,
Funda nos in pace,
Mutans Evæ nomen.

En recevant cette glorieuse salutation de l'Ange Gabriel, vous concevez celui qui a fait notre paix avec Dieu, et vous devenez, à meilleur titre qu'Ève, la mère des vivans.

Solve vincla reis,
Profer lumen cæcis;
Mala nostra pelle
Bona cuncta posce.

Obtenez la liberté aux captifs, et la lumière aux aveugles : obtenez-nous la grâce d'éviter le mal, et demandez pour nous tous les biens dont nous avons besoin.

Monstra te esse matrem;

Faites voir que vous êtes véritablement notre mère :

Sumat per te preces, Qui pro nobis natus, Tulit esse tuus.	faites parvenir nos prières jusqu'à celui qui, pour nous sauver, a bien voulu naître de vous.
Virgo singularis, Inter omnes mitis, Nos culpis solutos, Mites fac et castos.	Vierge incomparable, au-dessus de toutes les vierges ; faites, par votre puissante intercession, que délivrés des liens du péché, nous pratiquions, à votre exemple, les vertus de douceur et de chasteté.
Vitam præsta puram, Iter para tutum ; Ut videntes Jesum, Semper collætemur.	Obtenez-nous cette innocence de mœurs qui conduit à Jésus-Christ, afin que le voyant un jour dans sa gloire, nous goûtions à jamais avec vous la joie et la félicité des Saints.
Sit laus Deo Patri, Summum Christo decus, Spiritui Sancto ; Tribus honor unus.	Louange à Dieu le Père : louange à Jésus-Christ, Notre Seigneur : louange au Saint-Esprit. Qu'un même et souverain hommage soit rendu à la Sainte Trinité. Ainsi soit-il.

Pendant ce temps, la révérende mère, prenant les ciseaux et coupant les cheveux, dira à voix basse :

Sit Dominus Jesus	Que Notre-Seigneur Jé-

Christus, ornamentum capitis tui, et ille cujus es, superflua intersecet, et omnem seculi vanitatem.	sus-Christ soit l'ornement de votre tête, et que lui appartenant, il retranche toutes les choses superflues, toutes les vanités du siècle.

La mère maitresse répond, Amen, *et l'aspirante dit :*

Portio mea, Domine, dixi custodire legem tuam.	Seigneur, que ma portion soit de garder fidèlement vos saintes loix, et d'être attentive à suivre en toutes choses votre voix.

La mère maîtresse dépliera la robe, et la présentera à la révérende mère, qui l'en revêtira, en disant :

Induat te Dominus novum hominem, qui secundum Deum creatus est in justitiâ et sanctitate veritatis. *R.* Amen.	Que le Seigneur daigne vous revêtir du nouvel homme qui a été créé selon Dieu, dans la justice, et dans la sainteté de la vérité. *R.* Ainsi soit-il.

En donnant le chapelet.

Que Notre Seigneur Jésus-Christ, qui vous a conduite ici, soutienne votre bonne volonté, et que par sa miséricorde, et l'intercession de la sainte Vierge sa mère, il vous accorde la persévérance pour la bien exécuter.

En donnant la ceinture.

Præcingat te Dominus zonâ justitiæ et cingulo puritatis, ut cum prudentibus virginibus ad sponsi tui thalamum admittaris. ℟. Amen.

Que Notre Seigneur daigne vous ceindre de la justice et de la pureté d'une foi vive, afin que vous soyez admise au nombre des vierges prudentes.

En mettant le scapulaire.

Scuto suæ protectectionis circumtegat te Dominus, et armis suæ potentiæ te muniat. ℟. Amen.

Que le Seigneur notre Dieu, vous accorde sa protection, vous arme de son bouclier; et que munie des armes de sa puissance, vous terrassiez vos ennemis.

En donnant le voile.

Accipe, ancilla Christi, santum velum probationis tuæ, quo operimento armata, ac fide integra, spe certa, caritate sincera, præstet omnipotens Deus inoffensum probationis cursum implere. ℟. Amen.

Recevez, servante de Jésus-Christ, le voile de votre épreuve; ayez une foi intègre, une espérance certaine, une charité sincère, afin que le Tout-puissant vous accorde de remplir parfaitement le cours de votre noviciat.

Pendant qu'on lui attache la couronne, mêlée d'épines et de fleurs, l'aspirante dit :

Stipate me spinis,

Couronnez-moi d'épines,

fulcite me floribus, quia amore langueo. | ornez-moi de fleurs, car je brûle du désir de m'immoler au Seigneur.

De suite, la révérende mère lui donnera un cierge allumé, en disant :

Accipe, charissima soror, lumen Christi, quo sancto lumine, igneque dulcissimæ suæ caritatis succensa, in templo sancto gloriæ suæ representari merearis.

R. Amen.

Recevez, ma chère sœur, la lumière de Jésus-Christ, afin qu'éclairée de ce divin flambeau, embrasée du feu de sa très-douce charité, soutenue de la ferveur du Saint-Esprit, ornée de ses dons célestes, vous méritiez d'être reçue dans le saint temple de sa gloire. Amen.

Lorsqu'elle rentre étant revêtue des habits de la religion, on recommencera, Monstra te esse Matrem ; *l'aspirante étant à genoux, les religieuses entonneront* Suscepimus.

Suscepimus, Deus, misericordiam tuam, in medio templi tui.

Nous avons ressenti, ô mon Dieu, les effets de votre miséricorde dans le milieu de votre sanctuaire.

Cette antienne achevée, l'aspirante chantera :

Regnum mundi, et omnem ornatum seculi contempsi propter amorem Domini mei Jesu-Christi.

J'ai méprisé toutes les choses de ce monde, j'ai quitté toutes les pompes du démon, pour l'amour de Notre-Seigneur Jésus-Christ.

Le chœur.

Quem vidi, quem amavi, in quem credidi, quem dilexi.

Parce que je l'ai aimé, que j'ai cru en lui.

Seule, la novice entonnera, et le chœur soutiendra, Eructavit, etc.

Eructavit cor meum, verbum bonum, dico ego opera mea regi.

Ma langue, fidèle interprète, avec rapidité répète ce que Dieu seul vient de me dicter.

Le chœur.

Quem vidi, quem amavi, in quem credidi, quem dilexi.

Parce que je l'ai aimé, que j'ai cru en lui.

Les chantres.

Gloria Patri et Filio, et Spiritui Sancto.

Gloire soit au Père, au Fils et au Saint-Esprit.

Le chœur.

Quem vidi, etc.

Parce que, etc.

Ensuite l'officiant lui imposera son nom en disant :

Ma fille, ayant quitté les habits du siècle, vous ne devez plus vous souvenir du monde: pour vous aider, nous changeons le nom que vous y avez porté, en celui de Sœur N., au nom de N. S. Jésus-Christ.

Aussitôt l'orgue donnera le ton pour commencer le Ps. CXXX.

Ecce quàm bonum, et quàm jucundum habitare, fratres, in unum!	Qu'il est avantageux et qu'il est doux à des frères de vivre dans l'union!
Sicut unguentum in capite, quod descendit in barbam, barbam Aaron.	Cette union est semblable à l'essence, laquelle répandue sur la tête d'Aaron couloit le long de son visage,
Quod descendit in oram vestimenti ejus; sicut ros Hermon qui descendit in montem Sion.	et descendoit jusque sur le bord de son vêtement; elle est semblable à la rosée qui tombe sur les montagnes d'Hermon et de Sion, et qui les rend si fertiles.
Quoniam illìc mandavit Dominus benedictionem, et vitam usque in sæculum.	Car ou règne l'union, là le Seigneur répand abondamment ses bénédictions et ses faveurs; on y jouit d'un bonheur constant.

La novice se levera et fera une profonde révérence; elle sera conduite devant la révérende mère Prieure, et à genoux, lui baisera la main pour marque de son obéissance : la révérende mère, en la relevant, lui dira :

Ma fille, que Dieu vous donne la paix; je vous reçois en son nom.

La novice continuera de saluer les religieuses.

Durant le baiser de paix, on chantera les versets joints au pseaume Ecce quàm bonum.

Le baiser de paix ne doit être qu'une simple inclination de tête envers la novice, sans s'embrasser, en disant :

Que la paix du Seigneur soit toujours avec vous, ma sœur.

Ayant traversé le chœur, et salué l'autel, elle se mettra à genoux pour recevoir la bénédiction de l'officiant, qui chantera les versets et les oraisons suivans :

V. Ostende nobis, Domine, misericordiam tuam.	*V*. Seigneur, montrez-nous les effets de votre miséricorde.
R. Et salutare tuum da nobis.	*R*. Et donnez-nous la grâce de la vie éternelle.
V. Confirma hoc Deus.	*V*. Achevez Seigneur.
R. Quod operatus es in nobis.	*R*. Ce que vous avez opéré en nous.
V. Salvam fac ancillam tuam.	*V*. Sauvez votre servante.
R. Deus meus sperantem in te.	*R*. Suivant l'esperance que elle a mise en vous.
V. Esto ei Domine turris fortitudinis.	*V*. Soyez, Seigneur, son rempart et sa force.
R. A facie inimici.	*R*. Contre ses adversaires.
V. Nihil proficiat inimicus in eâ.	*V*. Que l'ennemi de son salut ne puisse rien sur elle.

℟. Et filius iniquitatis non apponat nocere ei.

℣. Mitte ei auxilium de sancto.

℟. Et de Sion tuere eam.

℣. Domine exaudi orationem meam.

℟. Et clamor meus ad te veniat.

℣. Dominus vobiscum.

℟. Et cum spiritu tuo.

OREMUS.

Adesto, Domine, supplicationibus nostris, et hanc famulam tuam, cui in sancto tuo nomine habitum hujus sanctæ religionis imposuimus, benedicere, et consecrare, et sanctificare digneris, ut in eo tibi fideliter deserviat, constanter permaneat, sobriè, justè, et piè, vivat expectans

℟. Et que le fils de l'iniquité n'essaie pas de lui être nuisible.

℣. Envoyez-lui du secours de votre sanctuaire.

℟. Et du haut de votre trône, daignez la protéger.

℣. Seigneur, exaucez ma prière.

℟. Et que mes cris s'élèvent jusqu'à vous.

℣. Que le Seigneur soit avec vous.

℟. Et avec votre esprit.

PRIONS.

Exaucez, Seigneur, nos prières, et daignez bénir, sanctifier et consacrer cette nouvelle servante, à laquelle nous avons donné, en votre saint nom, l'habit de cette sainte religion, afin qu'elle vous serve fidèlement dans ce nouvel état, qu'elle y persévère constamment, qu'elle y vive dans la sobriété, la justice et la piété, attendant l'heureuse espérance de votre glorieux et dernier avé-

beatam spem, et adventum tuum, qui vivis et regnas, etc.

Amen.

nement, qui vivez et régnez, etc.

Ainsi soit-il.

OREMUS.

Omnipotens sempiterne Deus, majestatem tuam supplices exoramus, ut sicut unigenitus Filius tuus per sanctissimam Virginem Mariam, pro peccatis totius mundi, hostia in templo est præsentatus: ità hanc famulam tuam justitiæ sanctitatis tuæ per ipsam facias purificato tibi corpore et spiritu præsentare.

Concede quæsumus omnipotens Deus, ut intercessio nos sanctissimæ genitricis tuæ, sponsi, sancti Benedicti, ac sanctæ Scholasticæ, sanctorum omnium Angelorum, Apostolorum, Martyrum, Confessorum

PRIONS.

Dieu tout-puissant et éternel, nous prions humblement votre majesté, que comme votre Fils unique a été présenté dans le temple par la très-sainte Vierge Marie, sa mère, comme une victime s'immolant pour les péchés de tous les hommes, de même vous accordiez à cette nouvelle servante qui se consacre à vous, comme une hostie à la justice et à la sainteté, la grâce d'être purifiée, par elle-même, d'esprit et de corps.

Accordez-nous, nous vous en supplions, Dieu tout-puissant, la grâce de trouver partout un sujet de joie dans la protection de votre très-sainte mère, de S. Joseph, de S. Benoît, de sainte Scholastique, de tous les saints Anges, des saints Apôtres, Martyrs, Confesseurs, Vier-

atque Virginum, et omnium Electorum tuorum, ubique lætificet; ut dum eorum merita recolimus, patrocinia sentiamus. Per Christum Dominum nostrum.

Amen.

ges, et de tous vos Elus; afin que nous ressentions les effets de leur intercession, en même temps que nous renouvelons la mémoire de leurs vertus chrétiennes. Par J. C. Notre-Seigneur.

Ainsi soit-il.

Les religieuses se mettront à genoux, l'officiant les bénira ainsi que la novice, les aspergeant d'eau bénite, en disant :

Gratia Domini Jesu Christi, et caritas Dei et communicatio Spiritûs Sancti, sit cum omnibus vobis, in nomine Patris ✝ et Filii ✝ et Spiritûs Sancti ✝.

Que la grâce de Notre-Seigneur Jésus-Christ et la charité divine, et la communication du Saint-Esprit, soient avec vous, au nom du Père, et du Fils, et du Saint-Esprit.

Te decet laus, te decet hymnus : tibi gloria Deo Patri, et Filio cum Sancto Spiritu in sæcula sæculorum.

C'est à vous Trinité Sainte, Dieu, Père, Fils et Saint-Esprit qu'appartiennent la louange, la gloire, les cantiques et les actions de grâces, dans tous les siècles des siècles.

R. Amen.

Ainsi soit-il.

SUITE DU CÉRÉMONIAL DES PRISES D'HABIT.

Il y a trois réceptions, celles des séculières, celles des anciennes religieuses admises et aggrégées, et celles des converses.

Cérémonial de la prise d'habit, pour l'admission d'une ancienne religieuse.

Tierce étant fini.

En allant chercher la religieuse, on chantera : Prudentes Virgines, etc.

La révérende mère, en l'abordant, lui dira :

Voici notre Seigneur qui vient au devant de vous, pour vous mener dans le lieu de ses délices, et y combler de grâces celle qui travaillera à s'en rendre digne. Voulez-vous le suivre, en portant la croix en ce monde, pour le posséder en l'autre éternellement ?

La religieuse répondra :

Je le désire de tout mon cœur.

En la prenant par la main, elle entonnera, le Ps. CXXI.

Lætatus sum in his quæ dicta sunt mihi ; in domum Domini ibimus.

J'ai été comblé de joie, en apprenant que nous irions dans la maison du Seigneur.

Stantes erant pedes nostri, in atriis tuis, Jerusalem.

Jérusalem, bientôt nous aurons le bonheur de nous voir assemblés dans ton temple.

Jerusalem, quæ ædificatur ut civitas, cujus participatio ejus in idipsum.

Jérusalem, tu es bâtie pour être la demeure d'un peuple qui vive dans l'union et dans la paix.

Illùc enim ascenderunt Tribus, Tribus Domini, testimonium Israel, ad confitendum nomini Domini.

Car selon la promesse faite à Israël, tu recevras dans ton enceinte les Tribus qui composent le peuple du Seigneur, afin qu'elles s'y occupent à glorifier son nom.

Quia illìc sederunt sedes in judicio, sedes super domum David.

Là, sera le tribunal souverain de la justice, et le siége de l'empire accordé à la maison de David.

Rogate quæ ad pacem sunt Jerusalem; et abundantia diligentibus te.

Faisons, mes frères, faisons des vœux pour le bonheur de Jérusalem, et disons: Sainte Cité, que ceux qui vous aiment jouissent dans votre enceinte de l'abondance de tout bien.

Fiat pax in virtute

Que la force des murs et

tua, et abundantia in turribus tuis.

des tours qui vous environnent, vous assure une paix éternelle, et l'abondance qui l'accompagne.

Propter fratres meos et proximos meos, loquebar pacem de te.

Vous me rejoindrez à mes parens et à mes amis; et c'est ce qui me fait parler avec plaisir de la paix dont doivent jouir vos habitans.

Propter domum Domini Dei nostri, quæsivi bona tibi.

Vous renfermerez la demeure du Seigneur notre Dieu; et c'est ce qui m'engage à faire des vœux pour vous.

Gloria Patri et Filio, etc.

Sicut erat, etc.

Gloire au Père et au Fils, etc.

On achevera ce pseaume au chœur, et on commencera la sainte messe.

*Celle qui porte le cierge, passera devant, et se placera près du siége, pour donner le cierge pendant l'*Evangile *et le* Veni Creator.

Après le sermon, l'officiant s'approchant de la grille, dira:

Ma fille, que demandez-vous?

LA RELIGIEUSE.

Je désire être admise en ce monastère, pour y vivre en religieuse consacrée à Jésus-Christ immolé sur nos autels, et consommer ma vie à l'adoration perpétuelle, et à l'éducation des enfans.

L'OFFICIANT.

Vous ne pouvez avoir un dessein plus excellent, plus glorieux à Dieu, et plus avantageux à votre salut : mais avez-vous suffisamment réfléchi aux obligations que ces devoirs vous imposent ?

LA RELIGIEUSE.

M'appuyant sur la miséricorde de Dieu, et les prières de nos Sœurs j'espère m'en acquitter, et persévérer.

L'OFFICIANT.

Nous croyons que c'est le mouvement de la grâce qui vous porte à cette sainte résolution ; mais afin qu'il nous éclaire dans l'exécution de votre généreuse entreprise, joignons nos prières pour demander les lumières du Saint-Esprit.

Il entonne le Veni Creator, *page 144; l'orgue et les chantres continuent. Après les* Oraisons, *page 97, il se retourne, et lui demande :*

Ma fille, persévérez-vous dans votre dessein :

LA RELIGIEUSE.

Oui, M., je demande à être admise à tous les exercices de cette maison, et je vous prie de me revêtir du saint habit de S. Benoît.

L'OFFICIANT.

Puisque vous êtes résolue de renoncer à votre propre volonté, pour vous conformer à celui qui vous a choisie pour son épouse, je vous présente votre modèle.

Elle baise le Crucifix. On bénit les habits, page 70.

Les chantres entonnent :

Dulcissime Domine Jesu-Christe, per virtutem sanctissimæ passionis tuæ, suscipe me in numero victimarum tuarum.

La révérende mère prieure lui pose la couronne d'épines, en disant à voix basse :

Ma fille, vous devez porter les épines en ce monde, pour recevoir dans le ciel une couronne de gloire éternelle.

Les chantres entonnent :

Veni, sponsa Christi, accipe coronam quam Deus promisit diligentibus se.

Elle se lève, et chante :

Elegi abjecta esse in domo Dei mei Jesu-Christi, magis quàm habitare in tabernaculis peccatorum.

Elle saluera l'assemblée, et suivra la procession, accompagnée de la révérende mère.

Le chœur chantera le pseaume LXXXIII.

Quàm dilecta tabernacula tua, Domine virtutum! concupiscit et deficit anima mea in atria Domini.

Que vos tabernacles sont aimables, ô Dieu des armées! mon ame ne sauroit plus soutenir l'ardeur avec laquelle elle soupire après la demeure du Seigneur.

Cor meum et caro mea exultaverunt in Deum vivum.

Mon cœur et mon ame sont transportés de joie au moment que je pense au Dieu vivant.

Etenim passer invenit sibi domum, et turtur nidum sibi, ubi ponat pullos suos.

Le passereau sait se trouver une demeure; la tourterelle sait se faire un nid, où elle met ses petits à couvert des injures du temps.

Altaria tua, Domine virtutum, Rex meus, et Deus meus.

Que ne puis-je ainsi dans mes malheurs, ô Seigneur tout-puissant! ô mon Roi! ô mon Dieu! trouver un asile dans votre sanctuaire!

Beati qui habitant

Heureux ceux qui habi-

in domo tuâ, Domine, in sæcula seculorum laudabunt te.

tent dans votre maison, Seigneur! ils n'ont point d'autres occupations que de vous louer.

Beatus vir cujus est auxilium abs te; ascensiones in corde suo disposuit, in valle lacrymarum, in loco quem posuit.

Mais heureux encore celui qui dans l'affliction met tout son appui en vous, qui dans cette vallée de larmes dans ce lieu d'épreuves, où votre Providence l'a conduit, s'élève par les degrés d'une vive espérance au dessus de ses peines.

Etenim benedictionem dabit legislator; ibunt de virtute in virtutem; videbitur Deus Deorum in Sion.

Car le souverain législateur fera sentir sa bonté à ceux qui espèrent en lui; il augmentera leurs forces de plus en plus, jusqu'à ce qu'arrivés à Sion, ils y jouissent de la présence du Dieu des Dieux.

Domine, Deus virtutum, exaudi orationem meam; auribus percipe, Deus Jacob.

Exaucez donc ma prière, Seigneur, Dieu tout-puissant; écoutez, Dieu de Jacob, les vœux que je vous adresse pour revoir votre tabernacle.

Protector noster, aspice, Deus; et respice in faciem Christi tui.

O Dieu, notre protecteur, regardez-nous; jetez les yeux sur celui que vous avez oint roi de votre peuple, et rappelez-le dans votre demeure.

Quia melior est dies una in atriis tuis, super millia.

Un seul des jours que je passerai dans ce saint lieu, me sera infiniment plus doux que mille autres que je passerois partout ailleurs.

Elegi abjectus esse in domo Dei mei, magis quàm habitare in tabernabulis peccatorum :

J'aimerois mieux demeurer obscur et méprisé dans la maison de mon Dieu, que de demeurer honoré et distingué parmi les pécheurs.

Quia misericordiam et veritatem diligit Deus; gratiam et gloriam dabit Dominus.

Dieu aime à faire miséricorde, et à montrer sa fidélité dans ses promesses; il me rendra son amitié et ma gloire.

Non privabit bonis eos qui ambulant in innocentiâ; Domine virtutum, beatus homo qui sperat in te.

Il comblera de biens ceux qui vivent dans l'innocence : heureux donc, Dieu tout-puissant, l'homme qui espère en vous.

Gloria Patri et Filio, etc.

Gloire au Père et au Fils, etc.

Ave maris stella,
Dei mater alma,
Atque semper virgo
Felix, cœli porta.

Je vous salue, brillante étoile de la mer, qui, en mettant au monde le Sauveur, nous avez heureusement procuré l'entrée du ciel.

Sumens illud ave
Gabrielis ore,
Funda nos in pace,

En recevant cette glorieuse salutation de l'Ange Gabriel, vous concevez ce-

Mutans Evæ nomen.	lui qui a fait notre paix avec Dieu, et vous devenez, à meilleur titre qu'Ève, la mère des vivans.
Solve vincla reis, Profer lumen cæcis; Mala nostra pelle, Bona cuncta posce.	Obtenez la liberté aux captifs, et la lumière aux aveugles : obtenez-nous la grâce d'éviter le mal, et demandez pour nous tous les biens dont nous avons besoin.
Monstra te esse matrem; Sumat per te preces, Qui pro nobis natus, Tulit esse tuus.	Faites voir que vous êtes véritablement notre mère : faites parvenir nos prières jusqu'à celui qui, pour nous sauver, a bien voulu naître de vous.
Virgo singularis, Inter omnes mitis, Nos culpis solutos, Mites fac et castos.	Vierge incomparable, au-dessus de toutes les vierges; faites, par votre puissante intercession, que délivrés des liens du péché, nous pratiquions, à votre exemple, les vertus de douceur et de chasteté.
Vitam præsta puram, Iter para tutum; Ut videntes Jesum, Semper collætemur.	Obtenez-nous cette innocence de mœurs qui conduit à Jésus-Christ, afin que le voyant un jour dans sa gloire, nous goûtions à jamais avec vous la joie et la félicité des Saints.

Sit laus Deo Patri, Summum Christo decus, Spiritui Sancto; Tribus honor unus.	Louange à Dieu le Père : louange à Jésus-Christ, notre Seigneur : louange au Saint-Esprit. Qu'un même et souverain hommage soit rendu à la Sainte Trinité.
Amen.	Ainsi soit-il.

L'officiant s'asseoit : on répétera. Monstra te esse matrem, *lorsqu'elle reviendra. Étant arrivée près de la grille, elle entonnera :*

Regnum mundi, et omnem ornatum sæculi contempsi propter amorem Domini mei Jesu-Christi.

L'OFFICIANT.

Ma fille, désormais pour ne plus vous souvenir du monde, nous changerons votre nom; vous vous appellerez ma sœur N.

Elle fera une profonde salutation : la supérieure la conduira aux pieds de la sainte Vierge, où elle déposera son cierge, se tournera vers la révérende mère Prieure, et se mettra à genoux. Elle la relevera, lui donnera le baiser de paix, en disant :

Dieu vous donne la paix, je vous reçois en son nom.

Elle se relevera, et continuera le baiser de paix, pendant lequel on chantera : Ecce quàm bonum, etc. *Elle retournera se mettre à genoux à la grille, pour recevoir la bénédiction du célébrant qui dira :* Ostende nobis Domine, *et les* Oraisons, *page* 35; *ensuite il les aspergera d'eau bénite, en disant :* Gratia Domini nostri Jesu-Christi, etc.

Le chœur entonnera : In convertendo, page 67; *ensuite :* Te decet laus, te decet hymnus : Tibi gloria Deo Patri et Filio, cum Sancto Spiritu, in sæcula sæculorum Amen.

La religieuse retournera au milieu du chœur faire son action de grâces.

CÉRÉMONIAL DE LA PRISE D'HABIT DES SOEURS CONVERSES.

Le jour et l'heure étant fixés pour la réception, la postulante sera revêtue de ses habits séculiers, avec toute la modestie convenable, et selon sa condition; et la supérieure la conduira pour recevoir la bénédiction

bénédiction de ses parens, et leur consentement.

La supérieure, dès la veille, ordonnera les détails de la cérémonie. Toutes les sœurs apporteront une grande vigilance à bien observer le cérémonial, et à s'en acquitter avec recueillement, justesse et uniformité, observant de faire une génuflexion, en passant devant le saint Sacrement, et une inclination au célébrant, et de même à la supérieure.

Les postulantes seront assises pendant la prédication, et s'inclineront, lorsque le prédicateur leur adressant la parole, dira ces mots : Ma sœur ou ma chère sœur. Durant la cérémonie, elles se tiendront à genoux, les mains jointes, et les yeux baissés.

A celle des sœurs converses, il n'y a pas d'orgue; le chant des pseaumes, ainsi que quelques prières, sont analogues à leur état. Elles sont près de la grille, avec un cierge, et à genoux, n'ayant point de prie Dieu. Le Regnum mundi est commencé par les deux chantres qui disent le verset et le Gloria dudit répons.

Le pseaume Dominus illuminatio est chanté par les deux chœurs alternativement.

La veille du jour que l'on aura choisi pour la cérémonie du saint habit, aussitôt après Prime, toute la communauté se rendra en procession au chapitre, en récitant le De profundis *et* Ad te levavi. *On conduira la postulante à la révérende mère, d'où étant éloignée d'une certaine distance, elle s'inclinera profondément.*

La révérende mère demeurant assise l'interogera ainsi :

Ma sœur, que demandez-vous ?

La postulante se tenant droite, et à genoux, lui répondra :

Je demande très-humblement la miséricorde de Dieu, et la grâce d'être admise dans votre communauté, par la réception du saint habit de l'ordre de Saint-Benoît, en qualité de sœur converse; vous suppliant de me l'accorder pour l'amour de Dieu. *En finissant, elle s'incline profondément.*

La révérende mère, la fait relever; et s'étant assise, selon l'usage, elle lui fait une courte exhortation, lui faisant connoître les austérités, travaux, peines et difficultés de la religion. A la fin de ce discours, elle lui demande, si elle est réso-

lue de persister constamment. Si elle ne se sent pas toutes les dispositions de pouvoir persévérer, elle doit remercier la communauté, et se retirer. Si au contraire tout ce qu'on lui représente ne l'effraie pas, elle répondra ce que la religion et son zèle lui inspireront, ou ces paroles :

Appuyée sur la grace de Dieu, et les prières de la communauté, j'espère pouvoir remplir mes devoirs, et tout supporter.

La révérende mère, ainsi que l'assemblée, se tenant debout, tournées vers la croix, dira :

Que Notre-Seigneur Jésus-Christ, par un effet particulier de sa bonté, vous en fasse la grâce, afin que vous puissiez parvenir au royaume des cieux.

Toutes les religieuses répondent Amen, *et se mettent à genoux. On dira l'Oraison.*

Actiones nostras, quæsumus, Domine, aspirando preveni et adjuvando prosequere, ut cuncta nostra oratio et operatio, à te semper incipiat, et per te cœpta finiatur. Amen.

Elle sera conduite au chœur, où l'on

chantera, *l'*Ave maris stella (pag. 45). *On se retire, et la postulante retourne dans le lieu de sa retraite; elle y continuera ses exercices, prescrits pour le lendemain.*

Le jour de la cérémonie, si tôt après la messe basse, ou chantée, on passera les habits de religion au dehors, en les mettant sur une table préparée, à côté de l'Epître, pour être bénis par le prêtre, lorsque la postulante va s'habiller et que le chœur chante In exitu (pag. 55).

Aussitôt après la messe, la postulante se mettra près de la grille, et le célébrant lui dira:

Ma fille, que demandez-vous?

LA POSTULANTE.

Je désire être admise dans ce monastère pour y consacrer ma vie à Jésus-Christ, immolé sur nos autels, et y suivre les usages et réglemens de la maison, suivant la règle de Saint-Benoît.

LE CÉLÉBRANT.

Vous demandez, ma fille, à être consacrée à Dieu dans l'ordre de Saint-Benoît, qui recommande de renoncer à sa propre volonté, de n'y entrer que par l'Esprit Saint, avec une ferme résolution de pratiquer la mortification intérieure, extérieure, et de vous employer de toutes vos forces à son service, et à celui des jeunes enfans qu'on instruit dans cette maison. Avez-vous, très-sérieusement réfléchi aux obligations que tous ces devoirs vous imposent?

LA POSTULANTE.

Comptant sur la grâce et la miséricorde de Dieu, et les prières de la communauté, j'espère m'en acquitter et persévérer.

L'OFFICIANT.

Si vous êtes fidèle au mouvement de la grâce qui vous a inspiré une si sainte résolution, Dieu vous en accordera de nouvelles par sa sainte protection : mais afin qu'il nous éclaire dans l'exécution d'une si généreuse entreprise, nous allons invoquer le Saint-Esprit.

L'Officiant s'étant mis à genoux au pied de l'autel entonnera : Veni Sancte Spiritus, reple tuorum corda fidelium, et tui amoris in eis ignem accende.

V. Emite Spiritum tuum, et creabuntur.

R. Et renovabis faciem terræ.

Oremus. Deus qui corda fidelium, etc.

Et Deus qui nobis sub Sacramento, etc.

Après ces versets et oraisons, le célébrant dit :

Ma fille, persévérez-vous dans la demande que vous avez faite ?

LA POSTULANTE.

Oui, mon père, je demande en toute humilité, d'être admise en ce saint ordre, pour y servir Dieu tout le temps de ma vie; et j'espère, par l'effet de sa divine miséricorde, que rien ne me fera changer de résolution.

LE CÉLÉBRANT.

Que Notre-Seigneur Jésus-Christ, qui vous a donné cette bonne volonté, veuille, par sa sainte grâce, par l'intercession de la très-sainte Vierge, et de tous les Saints, vous en faciliter l'exécution. *Ainsi soit-il.*

Ici le célébrant bénit les habits, page 70.

La maîtresse des novices, qui la conduira au pied de la révérende mère prieure, dans l'avant-chœur, la revêtira des habits religieux. Pendant ce temps, on chantera le pseaume CXIII.

In exitu Israel de Ægypto, Domus Jacob de populo barbaro.

Lorsqu'Israël sortit de l'Egypte, et que la maison de Jacob secoua le joug du peuple barbare qui l'opprimoit depuis si long-temps,

Facta est Judæa sanctificatio ejus, Israel potestas ejus.

le Seigneur voulut que la nation juive lui fût désormais entièrement consacrée; il résolut de régner seul sur Israël.

Mare vidit, et fugit; Jordanis conversus est retrorsùm.

La mer vit ce peuple sur ses bords, elle se retira avec vîtesse; le Jourdain le vit sur ses rives, il remonta vers sa source.

Montes exultaverunt ut arietes, et colles sicut agni ovium.

Les montagnes à la vue de ce peuple sautèrent comme des moutons; et les collines bondirent comme des agneaux.

Quid est tibi, mare, quòd fugisti? et tu, Jordanis, quia conversus es retrorsùm?

Mer, pourquoi prîtes-vous la fuite? et vous, Jourdain, pourquoi retournâtes-vous sur vos pas?

Montes exultastis sicut arietes? et colles, sicut agni ovium?

Montagnes, collines, quelle fut la cause de la joie que vous fîtes paroître?

A facie Domini mota est terra, à facie Dei Jacob.

Le Seigneur, le Dieu de Jacob marchoit à la tête de son peuple; et sa présence opéra ces prodigieux mouvemens sur la terre.

Qui convertit petram in stagna aquarum, et rupem in fontes aquarum.

C'est ce Dieu puissant qui changea la pierre en torrens d'eau, et les rochers en fontaines.

Non nobis, Domine, non nobis, sed nomini tuo da gloriam.

Super misericordia tua et veritate tua; nequando dicant gentes : Ubi est Deus eorum?

Continuez, ô mon Dieu! de faire éclater sur votre peuple votre miséricorde et votre fidélité; non pas à cause de nous, Seigneur, non pas à cause de nous; mais faites-le pour la gloire de votre nom, faites-le pour fermer la bouche aux nations qui ne manqueroient pas de dire, si vous nous délaissiez : Qu'est donc devenu leur Dieu?

Deus autem noster in cœlo; omnia quæcumque voluit fecit.

Il est dans le ciel, notre Dieu; et de là il gouverne l'univers avec une puissance absolue.

Simulacra gentium, argentum et

Au contraire les idoles des nations ne sont que de l'or et

aurum, opera manuum hominum.

de l'argent; elles ne sont que l'ouvrage des mains des hommes.

Os habent, et non loquentur; oculos habent, et non videbunt.

Elles ont une bouche, et elles ne sauroient parler; elles ont des yeux, et elles ne sauroient voir.

Aures habent, et non audient; nares habent, et non odorabunt.

Elles ont des oreilles, et elles ne sauroient entendre; elles ont des narines, et elles ne sauroient flairer.

Manus habent, et non palpabunt; pedes habent, et non ambulabunt; non clamabunt in gutture suo.

Elles ont des mains, et elles ne sauroient toucher; elles ont des pieds, et elles ne sauroient marcher; elles ont un gosier, et elles ne sauroient crier.

Similes illis fiant qui faciunt ea, et omnes qui confidunt in eis.

Ceux qui se font de tels dieux, et qui sont assez insensés pour y mettre leur confiance, méritent bien de leur devenir semblables.

Domus Israel speravit in Domino; adjutor eorum et protector eorum est.

Il n'en est pas ainsi de la maison d'Israël; elle a mis son espérance au Seigneur, et le Seigneur s'est fait son appui et son protecteur.

Domus Aaron speravit in Domino; adjutor eorum, et protector eorum est.

La maison d'Aaron a espéré au Seigneur; le Seigneur l'a défendue, et l'a prise sous sa protection.

Qui timent Dominum speraverunt in Domino; adjutor eorum et protector eorum est.

Ceux qui adorent le Seigneur ont espéré en lui; et il les a toujours secourus et protégés.

Dominus memor fuit nostrî, et benedixit nobis.

Le Seigneur s'est souvenu de nous, et il nous a comblés de ses biens.

Benedixit domui Israel, benedixit domui Aaron.

Il a versé ses bénédictions sur la maison d'Israël; il les a versées sur la postérité d'Aaron.

Benedixit omnibus qui timent Dominum, pusillis cum majoribus.

Le Seigneur a toujours béni ceux qui le servent; grands, petits, sans acception de personne, il les a tous bénis.

Adjiciat Dominus super vos, super vos, et super filios vestros.

Que le Seigneur multiplie sans cesse ses bénédictions sur vous qui faites profession de le servir; que sa bonté s'étende jusqu'aux générations les plus éloignées.

Benedicti vos à Domino, qui fecit cœlum et terram.

Soyez bénis du Seigneur qui est le maître de tous les biens, et qui a fait le ciel et la terre.

Cœlum cœli Domino; terram autem dedit filiis hominum.

Il a fait le ciel empirée pour y réguer, et il a donné la terre aux hommes pour l'y adorer, et chanter ses louanges.

Non mortui laudabunt te, Domine, neque omnes qui descendunt in infernum.

Mais, Seigneur, de tant d'hommes que vous avez créés, combien la mort en a-t-elle déjà mis au tombeau; ils n'y sont point en état de vous louer.

Sed nos qui vivimus, benedicimus Domino, ex hoc nunc, et usque in sæculum.

Nous donc, qui vivons encore, ne perdons aucun des momens qui nous sont donnés pour le bénir; bénissons-le maintenant, jusqu'à la fin d'une longue vieillesse.

Les chantres commencent l'antienne suivante :

Qui timent Dominum speraverunt in Domino, ajdutor eorum et protector eorum est.

Ensuite le pseaume suivant :

Domine, quis habitabit in tabernaculo tuo? aut quis requiescet in monte sancto tuo?

Qui sera digne, Seigneur, de demeurer dans votre tabernacle, et de se reposer sur votre sainte montagne?

Qui ingreditur sine macula, et operatur justitiam :

C'est celui qui marche dans l'innocence et qui remplit les devoirs de son état :

Qui loquitur veritatem in corde suo, qui non egit dolum in lingua sua.

C'est celui qui a le cœur droit, et sans déguisement, et qui est toujours sincère dans ses paroles :

Nec fecit proximo suo malum, et opprobrium non accepit adversus proximos suos.

C'est celui qui ne fait jamais tort au prochain, et qui ne souffre pas même qu'on lui en dise du mal.

Ad nihilum deductus est in conspectu ejus malignus : timentes autem Dominum glorificat.

C'est celui qui n'a que du mépris pour l'impie, pendant qu'il honore ceux qui craignent le Seigneur.

Qui jurat proximo suo, et non decipit ; qui pecuniam suam non dedit ad usuram, et munera super innocentem non accepit.

C'est celui qui garde inviolablement sa foi, qui ne prête point à usure, qui ne peut être corrompu par les présens pour opprimer l'innocent.

Qui facit hæc, non movebitur in æternum.

Un homme de ce caractère sera à jamais heureux.

Gloria Patri, etc.

Gloire au Père, etc.

Ant. Habitabit in tabernaculo tuo, requiescet in monte sancto tuo.

Le pseaume Miserere mei, Deus, secundum magnam, etc.

Ant. Cor mundum crea in me Deus, et Spiritum rectum innova in visceribus meis.

La révérende mère, en coupant les cheveux en forme de croix, dit :

Au lieu de cheveux frisés, vous serez couronnée d'épines. Apprenez par cette cérémonie à retrancher soigneusement toute superfluité et toute vanité.

La novice répond Amen.

La révérende mère, en passant la tunique, dit :

Ceux qui sont à la suite de l'agneau sans tache, doivent être revêtus de la robe d'innocence; soyez donc assez vigilante pour vous conserver pure de corps et d'esprit. Au nom du Père † et du Fils † et du Saint-Esprit †. Ainsi soit-il.

En mettant la ceinture :

Que la vérité et la justice soient votre force, et souvenez-vous qu'un autre vous ceindra et vous menera où vous ne voudrez pas. Au nom du Père †, etc.

En mettant la seconde robe :

Que Notre-Seigeur vous revête de toutes les vertus nécessaires pour arriver à la perfection où il vous appelle. Au nom du Père †, etc.

En mettant le scapulaire :

Portez, ma chère sœur, le joug de Jésus-Christ, qui est doux et léger pour ceux qui le prennent de bonne volonté. Au nom du Père ✝, etc.

En lui mettant le voile blanc :

Recevez, servante de Notre-Seigneur Jésus-Christ, le voile de votre épreuve. Que vous soyez munie du casque de l'obéissance, du bouclier de la foi, de la ceinture de la chasteté, de la chaussure de l'humilité; et qu'après avoir terrassé tous vos ennemis, vous arriviez au terme de l'immortalité.

En mettant le chapelet :

Recevez ce rosaire qui est le signe de la dévotion, oraison et méditation qui doit être continuelle.

En mettant la couronne d'épines, la novice dit :

Couronnez-moi d'épines, ornez-moi de fleurs, car je brûle du désir de m'immoler au Seigneur.

En lui donnant le cierge :

Recevez, ma très-chère fille, cette lumière

extérieure en signe de la lumière intérieure et spirituelle, afin qu'étant éclairée de la sagesse et animée d'une sainte ferveur, vous marchiez dans le sentier de toutes les vertus religieuses; afin que vous méritiez de parvenir à l'éternel séjour des bienheureux, par celui qui vit et règne avec le Fils en l'unité du Saint-Esprit, dans tous les siècles des siècles. Ainsi soit-il.

La novice étant revêtue du saint habit de religion, la révérende mère Prieure la ramenera processionnellement à la grille, où étant à genoux, on dira : Kirie eléison, *le chœur,* Christe eléison, Kirie eléison.

Pater noster, etc.

Et ne nos inducas in tentationem.

R. Sed libera nos à malo.

V. Salvam fac ancillam tuam.	*V.* Seigneur, sauvez votre servante.
R. Deus meus sperantem in te.	*R.* Mon Dieu, elle met son espérance en vous.
V. Ostende ei Domine, misericordiam tuam.	*V.* Seigneur, faites-lui sentir les effets de votre miséricorde.
R. Et salutare tuum da ei.	*R.* Et donnez-lui le salut qui vient de vous.
V. Esto ei, Domine turris fortitudinis.	*V.* Seigneur, soyez sa force et sa défense.

R. A facie inimici.

R. En la présence de son ennemi.

V. Nihil proficiat inimicus in ea.

V. Que son ennemi n'ait aucun avantage sur elle.

R. Et filius iniquitatis non apponat nocere ei.

R. Et que le démon n'entreprenne pas de lui nuire.

V. Mitte ei, Domine, auxilium de sancto.

V. Seigneur, envoyez-lui de votre sanctuaire le secours dont elle a besoin.

R. Et de Sion tuere eam.

R. Et de la céleste Sion, daignez la protéger.

V. Domine exaudi orationem meam.

V. Seigneur, écoutez ma prière.

R. Et clamor meus ad te veniat.

R. Et que mon cri s'élève jusqu'à vous.

OREMUS.

Deus qui à sæculi vanitate conversas, ad bravium supernæ vocationis accendis, et qui renuntiantibus sæculo, mansiones paras in cœlo, famulæ tuæ sororis nostræ, cor cælestibus donis accende, ut unanimis regularia instituta custodiat, sobria, simplex, et

PRIONS.

Mon Dieu, qui portez ceux qui ont quitté les vanités du monde à mériter la récompense promise à ceux qui sont fidèles à leur divine vocation, et préparez dans le ciel des demeures à ceux qui renoncent au monde pour l'amour de vous, embrasez le cœur de notre sœur, votre servante de vos dons célestes, afin qu'elle soit constam-

quieta,

quieta, gratis sibi datam suæ conversationis gratiam fuisse agnoscat, per Christum Dominum nostrum.

R. Amen.

ment fidèle aux observances régulières, qu'elle soit sobre, simple et douce, qu'elle reconnoisse que c'est à la miséricorde de Dieu qu'elle est redevable des grâces de son état. Nous vous demandons cette grâce par Jésus-Christ, Notre Seigneur.

OREMUS.

Domine Jesu-Christe, dux et fortitudo nostra, humiliter petimus, ut famulam tuam, quam sanctæ componctionis ardore ab hominum cæterorum proposito, separasti à conversatione carnali, et ab immunditia terrenorum actuum, infusa ei sanctitate cælitus discernas, et gratiam quâ in te perseveret infunde, ut protectionis tuæ munita præsidiis, quod te donante affectat, te robo-

PRIONS.

Seigneur, Jésus-Christ, qui êtes notre guide et notre force, nous vous demandons humblement de répandre sur votre servante que vous avez séparée du commerce du monde et des actions terrestres, par l'ardeur d'une sainte componction, la grâce céleste de la sainteté et de la persévérance, afin que munie du secours de votre protection, elle accomplisse avec courage ce que vous lui faites la grâce d'entreprendre, et que fidèle à sa conversion, elle mérite d'obtenir la récompense promise à ceux qui persévéreront jus-

rante adimpleat, ut suæ conversionis executor existens, ad ea quæ perserverantibus promittere dignatus es, pertingere mereatur; qui vivis et regnas, etc.

R. Amen.

qu'à la fin. Vous qui vivez et régnez, etc.

OREMUS.

Deus, qui per beatissimum Benedictum, electam Famulam, tuam à mundi turbinibus, tibi soli militare jussisti; tribue quæsumus huic famulæ tuæ sub ejusdem magisterio ad tuum servitium festinanti perseverandi constantiam, et perfectam usque in finem victoriam, per Christum Dominum nostrum.

R. Amen.

PRIONS.

Mon Dieu, qui, par la protection de S. Benoît et de Sainte Scholastique, avez choisi votre servante et l'avez retirée du tumulte du monde, pour ne servir que vous seul, nous vous conjurons de lui accorder, sous la direction de ce même saint et de cette même sainte, le zèle dans votre service, une parfaite victoire des ennemis de son salut, la constance et la persévérance jusqu'à la fin.

Le célébrant se retirera.

Les chantres entonneront:

Mihi autem absit gloriari, nisi in cruce

Domini nostri Jesu-Christi, per quem mihi mundus crucifixus est, et ego mundo.

La novice va au pied de la Ste Vierge faire sa consécration, y dépose son cierge; de là au pied de la révérende mère qui la relève en disant : Je vous reçois au nom de N. S. qu'il vous donne sa paix.

Elle continue le baiser de paix, les mains jointes, tenant son crucifix et disant : Priez pour moi, ma mère, ou ma sœur.

On lui répond : La paix du Seigneur soit toujours avec vous, ma sœur.

Au lieu du pseaume Ecce, etc., *on chante sur le sixième ton :*

In convertendo Dominus captivitatem Sion, facti sumus sicut consolati.

Lorsque le Seigneur mettra fin à la captivité de son peuple, nous serons comme ceux qui goûtent les plus douces consolations, après avoir ressenti les plus vives douleurs.

Tunc repletum est gaudio os nostrum, et lingua nostra exultatione.

Alors ne pouvant contenir notre joie, nous la ferons éclater par mille chants d'alégresse.

Tunc dicent inter

Alors les nations étonnées

gentes : Magnificavit Dominus facere cum eis.

diront : Le Seigneur a fait de grandes choses en faveur des Israélites.

Magnificavit Dominus facere nobiscum; facti sumus lætantes.

Il est vrai, dirons-nous de notre côté, le Seigneur a fait de grandes choses pour nous; il a fait succéder la joie aux plus longues calamités que nous ayions souffertes.

Converte, Domine, captivitatem nostram, sicut torrens in austro.

Venez donc, ô mon Dieu! rompre nos chaînes; nous soupirons après vous, comme les terres du midi attendent un débordement d'eau qui les arrose.

Qui seminant in lacrymis, in exultatione metent.

Vous le ferez, Seigneur; et ceux qui sèment maintenant dans la douleur, moissonneront dans la joie.

Euntes ibant et flebant, mittentes semina sua.

On les a vu marcher en pleurant vers le lieu de leur captivité, comme un laboureur qui n'ensemence qu'à regret une terre qui lui paroît ingrate.

Venientes autem venient cum exultatione, portantes manipulos suos.

Mais ils en sortiront bientôt avec joie, chargés des fruits de leurs peines et de leur patience.

Gloria Patri, etc.

Gloire au Père, etc.

La novice ayant salué le Très-Saint Sacrement, elle se remet à genoux au milieu du chœur.

La révérende mère dira :

V. Benedicamus Patrem et Filium cum Sancto Spiritu.

R. Laudemus et superexaltemus eum in sæcula.

OREMUS.

Omnipotens sempiterne Deus, qui dedisti famulis tuis in confessione veræ fidei, æternæ Trinitatis gloriam agnoscere, et in potentiâ majestatis adorare unitatem, quæsumus ut ejusdem fidei firmitate, ab omnibus semper muniamur adversis. Per Dominum nostrum Jesum Christum.

Qui tecum vivit, etc. Amen.

PRIONS.

Dieu tout puissant et éternel, qui avez donné à vos servantes la grâce de connoître dans la confession d'une véritable foi, la gloire de l'éternelle Trinité, et d'adorer son unité dans la puissance de sa majesté, nous vous prions que par la fermeté de cette même foi nous soyons toujours préservées de toute adversité, par J. C. N. S.

La révérende mère ayant donné le signal, on commence l'office.

Bénédiction des habits.

V. Dominus vobiscum.

R. Et cum Spiritu tuo.

OREMUS.

Deus, æternorum bonorum fidelissime persolutor, qui vestimentum salutis, et indumentum æternæ jucunditatis, tuis fidelibus promisisti, clementiam tuam suppliciter exoramus, ut hæc indumenta humilitatem cordis, et contemptum mundi significantia, quibus famula tua sancto visibiliter est informanda proposito, propitiùs bene ✝ dicas, ut sanctæ religionis habitum, quem te inspirante suscipit,

V. Que le Seigneur soit avec vous.

R. Et avec votre Esprit.

PRIONS.

Mon Dieu, qui avez promis à vos fidèles le vêtement du salut et une joie inaltérable dans la possession des biens éternels, et qui êtes très-fidèle dans vos promesses, nous supplions votre clémence de bénir ces habits qui annoncent l'humilité du cœur et le mépris du monde, que votre servante désire avec empressement de recevoir en présence de cette assemblée; afin que par le secours de votre grâce elle persévère à porter les habits qu'elle ne reçoit que par votre inspiration, et que vous revêtiez de la bienheureuse immortalité, celle que vous

te protegente custodiat, et quam venerandæ vestibus promissionis induis temporaliter, beatâ facias immortalite vestiri. Per Dominum nostrum Jesum Christum, Filium tuum, qui tecum vivit et regnat, in unitate Spiritûs Sancti Deus, per omnia sæcula seculorum.

Amen.

revêtez dans le temps de la joie de vos promesses: Par N. S. J. C.

OREMUS.

Domine Deus, bonarum virtutum dator, et omnium benedictionum largus infusor, te obnixis precibus deprecamur, ut has vestes bene ✝ dicere et sancti ✝ ficare digneris, quas famula tua pro indicio agnoscendæ religionis induere se

PRIONS.

Seigneur mon Dieu, qui êtes la source des solides vertus, et qui répandez avec abondance toutes sortes de bénédictions, nous vous conjurons de bénir et sanctifier ces habits dont votre servante désire se revêtir, afin que distinguée des personnes du monde par ses vêtemens, on connoisse qu'elle vous est consacrée dans la

vult, ut inter reliquas fœminas tibi cognoscatur dicata. Per Christum Dominum nostrum. Amen.

sainte religion; par Jésus-Christ notre Seigneur.

OREMUS.

Exaudi, omnipotens Deus, preces nostras, et has vestes, quas famula tua, ad seipsam operiendam exposcit, uberrimæ benedictionis imbre perfunde, sicut perfudisti oram vestimentorum Aaron, benedictione unguenti profluentis à capite in barbam; et sicut benedixisti vestes omnium religiosorum, tibi per omnia placentium, ità eas bene † dicere et sancti † ficare digneris, et præsta, clementissime Pater, ut supradictæ famulæ tuæ, sint hæ vestes, salutis protectio, hæ,

PRIONS.

O Dieu, tout-puissant, exaucez nos prières, et répandez une très-abondante bénédiction sur ces habits dont votre servante demande à se revêtir, comme vous avez béni le parfum qui découloit de la tête d'Aaron sur ses vêtemens : ainsi que vous avez béni les habits de tous les religieux qui ont cherché à vous plaire en toutes choses, daignez de même bénir et sanctifier les habits de votre servante, et accordez-lui, ô Père! très-miséricordieux, qu'ils soient pour elle la protection du salut, la connoissance de la religion, le commencement de la sainteté, et une puissante défense contre tous les traits de l'ennemi du salut, afin qu'elle soit enrichie du don d'une

cognitio religionis, hæ, contra omnia tela inimici robusta defensio, ut centesimi muneris opulentia, perseverante continentia ditetur. Per Christrum Dominum nostrum. Amen.

persévérante chasteté, et du centuple promis. Par J. C. N. S.

Bénédiction du voile blanc.

OREMUS.

Suppliciter, te Domine, rogamus, ut super hanc vestem ancillæ tuæ capiti imponendam, bene ✝ dictio tua benigna descendat; ut sit hæc vestis benedicta, consecrata, immaculata et sancta. Per Christrum Dominum nostrum. Amen.

PRIONS.

Nous vous prions, Seigneur, et supplions votre bonté, de faire descendre votre abondante bénédiction sur le voile dont votre servante doit couvrir sa tête, afin qu'il soit pur et saint. Par J. C. N. S.

L'officiant bénira l'encens, et le mettra dans l'encensoir, aspergera les vêtemens d'eau bénite, et finalement les encensera.

PSEAUME 121. *Lætatus sum in his*, etc.

O nouvelle qui dans mon cœur
Ramène tout à coup la joie,
Se peut-il que je te revoie,
Temple saint, maison du Seigneur.

Antique objet de ma tendresse,
Ville si chère à mes aïeux,
C'est dans ton sein que ma jeunesse
Couloit des jours délicieux.

Quoi! tu ne serois plus déserte,
Quoi! tu pourras voir les enfans
De ceux dont tu pleuras la perte,
Revenir à toi triomphans.

Oui, nos tribus dans ton enceinte
Se rassemblent de toutes parts;
Les mains de la nation sainte
Relèvent déjà tes remparts.

Sion, pour qui mon cœur soupire,
Qu'à ta grandeur tout soit soumis,
Et sois le siége de l'empire
Qu'à David le ciel a promis.

Faites aussi des vœux pour elle,
Vous, lévites, qui m'écoutez,

Que Dieu, touché de notre zèle,
La comble de prospérités.

Nos vœux pour elle sont sincères,
Sa gloire fait notre bonheur ;
C'est la demeure de nos frères,
Elle est la ville du Seigneur.

De la manière de recevoir à la profession.

Si les cérémonies que nous avons expliquées pour la vêture sont des marques de la sainteté de la vocation religieuse, celles de la profession en sont comme le sceau et une confirmation authentique : car, puisque selon la parole du Fils de Dieu, il n'y a que la seule persévérance dans la grâce qui emporte la couronne en la gloire, ce n'est pas assez dans la sainte religion d'avoir commencé cette vie, qui par l'éloignement de toutes les choses du monde, nous rend semblables aux anges ; il faut encore arrêter l'instabilité de nos volontés et de nos irrésolutions, par des promesses si inviolables qu'elles n'ayent d'autre terme que la mort.

Que signifie autre chose ce funeste appareil d'un habit, d'un voile noir, des luminaires et d'un drap mortuaire, sous lequel il faut demeurer prosterné pendant une partie de la cérémonie; si ce n'est que la religion est une véritable mort à toutes les choses du monde, pour ne plus vivre selon ses loïx et ses maximes? C'est pourquoi l'on peut justement, à l'égard des religieux, dire avec l'apôtre : *Vous êtes morts, et votre vie est cachée en Dieu avec Jésus-Christ.* C'est aussi pour la même cause que le prêtre apporte à la grille le Très-Saint-Sacrement, et le pose entre les reliques des Saints, afin de suivre à la lettre les termes de la profession, qui portent que les vœux sont faits en la présence de Dieu et de ses Saints, pour être les témoins de nos promesses.

C'est encore pour donner à entendre, que le Fils de Dieu étant dans la sainte Hostie, caché, et en un état de mort; et que les reliques des Saints étant enfermées dans les châsses comme dans un tombeau, celles qui font profession doivent avoir une entière conformité à leur état, et ne s'en point retirer que pour paroître avec Jésus-Christ, lorsqu'il viendra se montrer en sa gloire. Mais, parce que pour faire une si parfaite renonciation, et persévérer en cet état, il faut une grâce très-puissante, et que le Saint-Esprit est auteur de l'un et de l'autre, c'est pour cela que l'on implore son assistance, en chantant l'hymne *Veni Creator*, au commencement de la cérémonie.

Cependant, avant que cette personne, qui a déjà reçu l'habit de la sainte religion, puisse être admise à la stabilité de cet état, quoiqu'elle ait été éprouvée avant de le recevoir, il faut encore qu'elle témoigne ses désirs par des demandes réitérées, et qu'avant la dernière entrée, elle frappe constamment à la porte. Il faut non-seulement qu'elle exprime ses demandes à sa maîtresse en particulier, mais encore plusieurs fois au chapitre, aux temps indiqués, et qu'avant de traiter de sa réception, elle ait donné des témoignages d'une obéissance fidèle, simple, prompte et constante; « car il ne suffit » pas, dit S. Dorothée, d'avoir remporté des » victoires sur le monde, en le quittant

» pour se soumettre aux loix rigoureuses de
» la retraite; d'avoir abandonné les avan-
» tages temporels du siècle, d'exposer sa
» santé, de se séparer de ses proches, de
» ses amies; il faut encore que d'un choix
» particulier, sans aucune contrainte, elle
» engage sa liberté, et donne des preuves
» de l'obéissance à laquelle elle prétend se
» sacrifier ». « L'homme obéissant, dit le
» sage, remportera beaucoup de victoires,
» parce qu'il soumettra ses passions à la rai-
» son, son corps à l'esprit, et sa raison à
» la grâce. Mais le religieux étendra bien
» plus loin ses victoires; car après avoir vaincu
» le monde en l'abandonnant, l'enfer par
» une conversion qui donnera de la joie aux
» anges du ciel, il sera encore assez heureux
» pour se vaincre soi-même par une entière
» et persévérante obéissance. Voilà ce qu'on
» doit attendre de celui qui commence à
» remplir sa vocation par l'immolation de sa
» propre volonté. Il est digne d'être mis au
» rang des véritables novices; sa vocation est
» incontestablement bonne, on doit s'en te-
» nir pour assuré, puisque son obéissance en

» est le garant. Peut-on craindre qu'il ne soit » pas propre à la religion, puisqu'il ne veut » vivre que pour obéir, et qu'il veut être » obéissant jusqu'à sa mort? Il trouvera aussi » que la religion lui convient beaucoup, puis- » qu'elle fournit continuellement des occa- » sions d'obéissance ».

S. Bernard remarque que la première fois que le Fils de Dieu monta au temple, pour y adorer Dieu son Père, il donna son obéissance pour marque de sa vocation. Mais non content d'avoir obéi aux ordres du ciel qui l'appeloient au temple, il fit encore un autre essai de sa parfaite soumission en rentrant sous la conduite de Marie et de Joseph. Ne doutez pas, dit ce saint docteur, que Jésus-Christ ne fût très-propre à exécuter tous les desseins éternels qu'on avoit formés sur lui, pour le salut du monde, puisqu'il s'étoit mis dans l'obligation d'obéir au ciel et à la terre.

Ainsi, doit-on croire qu'après qu'une novice a fait de son année d'épreuve, une si longue carrière d'obéissance, elle sera jugée digne de la profession; car que pourra-t-il manquer à celle qui n'a manqué en rien à la plus exacte obéissance? Y a-t-il lieu de craindre d'être trompé dans les suffrages qu'on lui donnera pour être reçue au nombre des sœurs? Pourra-t-on se défier de la sincérité de ses promesses? et que ne doit-on pas espérer de son obéissance après sa profession, si elle l'a gardée avec tant de fidélité avant de s'y être engagée par son vœu?

Le jour du chapitre où on doit traiter de sa réception, elle fera sa dernière demande en ces termes : M., je vous supplie très-humblement, et toute votre communauté, de me recevoir à faire mes vœux dans la sainte religion. J'espère, avec la grâce de Dieu, m'acquitter de mes obligations avec tant de fidélité, que vous aurez sujet d'en être satisfaites.

Alors la révérende mère exposera à la novice la grandeur de la vocation à laquelle elle aspire, les difficultés qui s'y rencontrent, les grâces qui ne sont données qu'à une fidèle correspondance, son peu de vertu et de mérite pour tendre à une perfection si relevée; elle l'enverra devant le Très-Saint-Sacrement pour demander les grâces qui lui sont né-

cessaires,

cessaires, et les lumières dont les sœurs ont besoin pour terminer sa réception.

Après cette exhortation, on passera au scrutin secret, selon l'usage.

Lorsque la novice aura été admise par la pluralité des voix, elle sera ramenée au chapitre par la maîtresse des novices; elle se mettra à genoux devant la révérende mère, qui l'exhortera à correspondre par la ferveur de ses actions à la grâce que Dieu vient de lui accorder d'être admise au nombre de celles qui, à l'imitation de Jésus-Christ son Fils, se sacrifient à la gloire de Dieu, et l'avertira en même temps du jour fixé pour sa retraite, afin de s'y préparer par une grande pureté de conscience, pour offrir en esprit et en vérité, au Dieu vivant, le culte qui lui est dû.

SUITE DU CÉRÉMONIAL DES RELIGIEUSES DE L'ORDRE DE SAINT BENOIT.

La consécration des Vierges à Dieu est une chose si célèbre, que le Pontifical romain ordonne que la cérémonie soit faite les Dimanches ou les Fêtes des saints apôtres; ce qui prouve l'estime de l'Eglise pour cette sainte action, c'est de la consacrer ainsi en des jours solennels. Par cette ordonnance, il paroît que l'Eglise a l'intention que plusieurs fidèles assistent à cette cérémonie, tant pour la rendre plus mémorable que pour y coopérer par leurs ferventes prières, et pour participer eux-mêmes au sacrifice que la novice fait d'elle-même à la majesté de Dieu.

Cette novice doit apprendre que l'Eglise, lui ordonnant de se dévouer à Dieu, les Fêtes des saints apôtres, en mémoire du martyre qu'ils ont souffert, il faut qu'elle regarde son action comme ces glorieux martyrs regardoient dans leurs immolations cet heureux coup qui les faisoit sortir du monde, pour les faire entrer dans la possession de Dieu, et ne jamais plus retourner dans la corruption du siècle : c'est enfin commencer une nouvelle vie, en cessant d'être au monde, pour ne plus converser qu'avec les Anges et les Saints.

Mais si toutes ces considérations sont capables de bien préparer la novice qui désire se sacrifier par la profession, quels effets opéreront dans son ame la considération des perfections divines de la personne adorable de Jésus-Christ, tous les jours immolé sur nos autels? C'est sur ce divin modèle qu'elle doit former ses dispositions, et allumer dans son cœur le feu sacré qui la doit animer; ce sujet lui fournira assez de saintes pensées, pour apprendre de son divin Sauveur la manière de se sacrifier dignement, faisant avec lui une même et pacifique hostie, et un holocauste consumé par la charité divine.

La mère maîtresse aura soin, quelques jours auparavant, d'instruire exactement la novice de tout ce qu'elle aura à faire et à dire pendant la cérémonie; de faire écrire de bonne heure dans le registre, l'acte que la novice doit prononcer et signer, le matin du jour de sa profession, et de lui faire écrire ses vœux en parchemin : si elle ne sait écrire, elle le fera faire en son nom; et avant la sainte messe, elle le mettra sur l'autel du chœur, proche la grille, avec une écritoire.

Pendant la cérémonie, et toutes les fois que la grille sera ouverte, les sœurs doivent observer une modestie particulière, évitant d'aller et venir, se souvenant de la présence de Dieu et de l'obligation indispensable d'édifier les séculiers. Elles doivent s'occuper intérieurement du bonheur de leur vocation, et prendre de nouvelles résolutions pour se bien acquitter des promesses qu'elles ont faites à Dieu, en entrant dans le monastère.

La veille du jour choisi pour la cérémonie, la sacristine préparera toutes les choses nécessaires, ainsi qu'il est dit pour la vêture. Elle aura soin d'orner les autels du chœur, et d'exposer toutes les reliques, de parer la grille du petit dais pour l'exposition du Très-Saint-Sacrement, et de mettre au milieu du chœur un prie-dieu, couvert d'un tapis, et une chaise pour la novice; à côté, un chandelier pour poser son cierge.

D'un côté de la grille qui sera le plus commode, sera mise une crédence, couverte d'un tapis, sur laquelle on posera la cor-

beille et les plats; dans l'un sera l'habit d'église, dans l'autre le voile noir, et dans un plus petit la bague d'or et la médaille du Saint-Sacrement : sur la même crédence sera le bénitier et l'aspersoir, avec deux écharpes.

La veille de la profession, ou le matin, la communauté sera assemblée au son de la cloche, à l'avant-chœur ou au chapitre, ainsi qu'il sera ordonné, pour faire faire le choix des habits du monde ou de la religion à la novice, et lui faire renouveler sa profession de foi. La sacristine y préparera un siége pour la révérende mère Prieure, un pupitre couvert d'un tapis, pour mettre le livre des saints Evangiles, et un cierge allumé.

La communauté assemblée, ainsi que dessus, la révérende mère Prieure s'assiéra, et la mère maîtresse conduira la novice devant elle, où, étant à genoux, la révérende mère Prieure lui dira :

Ma fille, vous êtes encore libre de choisir; vous avez dû apprendre, depuis que vous êtes dans ce monastère, la règle de notre bienheureux père S. Benoît, et en quoi consistent les vœux essentiels de la religion. Vous avez éprouvé les usages de cette maison; c'est à vous de voir maintenant si vous vous sentez assez forte et assez courageuse pour les embrasser le reste de votre vie; et si vous croyez le pouvoir faire (à la bonne heure, restez); sinon, sortez librement. Voilà d'un côté l'habit religieux, et de l'autre vos habits séculiers; lequel des deux voulez-vous choisir?

Si la novice est résolue de persévérer, elle se levera modestement, et faisant une inclination, prendra entre ses bras les habits de la religion, en disant :

Ma très-révérende mère, je supplie votre bonté d'approuver le choix que je fais de l'habit de pénitence, et de la vie crucifiée que j'embrasse aujourd'hui pour l'amour de notre Seigneur Jésus-Christ. Je demande humblement les prières de votre communauté, pour obtenir la grâce d'y persévérer, et y faire le progrès que Dieu demande de moi.

Si c'est une religieuse, elle dira :

Ma révérende mère, je vous supplie très-humblement de me recevoir et agréger dans votre maison, où je souhaite de tout mon cœur vivre et mourir dans l'ordre de S. Benoît, moyennant la grâce de Dieu, et les prières de la communauté, pour m'obtenir d'y persévérer et y faire tous les progrès que Dieu demande de moi.

La révérende mère Prieure.

Je souhaite que Dieu, qui a commencé en vous l'ouvrage de votre salut, l'accomplisse et le perfectionne.

Ma fille, pour obtenir cette grâce et vous fortifier contre les ennemis de votre salut, renouvelez votre profession de foi en présence de l'assemblée.

Aussitôt la novice se mettant à genoux devant le pupitre préparé, le cierge à la main gauche, et la droite sur les saints Evangiles, prononcera distinctement sa profession de foi dans le livre qui lui sera présenté. A la fin, elle donnera son cierge à la mère maîtresse, et s'approchera de la révérende Prieure, qui prendra le livre des Evangiles, le lui fera baiser, ensuite lui donnera sa bénédiction, avec quelques mots d'exhortation, pour l'aider à la disposer à une si importante action. Cela fait, toutes se retireront en silence.

L'avant-veille de la profession, il sera préparé un prie-dieu, sur lequel elle se mettra pendant la messe, durant trois jours, ayant devant elle un cierge allumé, lequel elle tiendra à la main, pendant l'Evangile, *le* Sanctus *et le* Pater; *et elle communiera trois jours de suite.*

Après la messe du premier de ces trois jours, le prêtre lui imposera silence, en lui disant :

Cum devota representet anima Domini, cum sepulchrum in terrestri Jerusalem, corporis ipsius Domini præsentia decoratum, petrâ desuper triduo clausum, ne superfluo possis cassari, petram taciturnitatis ori tuo imponimus, usque triduum silentium continuum indicentes. In nomine Patris, et Filii, et Spiritûs Sancti. Amen.

De même que le sépulcre de Jérusalem, où reposa notre divin Sauveur, fut scellé pendant trois jours, par une pierre qui en ferma l'entrée; de même, nous posons sur votre bouche le cachet du silence que vous devez garder pendant trois jours. Au nom du Père, et du Fils, et du Saint-Esprit. Ainsi soit-il.

Après Prime, la révérende mère assemblera les professes au chapitre, où elle avertira la communauté d'offrir leur communion générale pour la novice : elle lui fera lire son acte de profession ; elle le signera avec les révérendes mères Prieure, et maîtresses discrètes.

L'heure de la cérémonie étant venue, et la novice au lieu ordonné, elle se tiendra en récollection, pensant à la grandeur de son sacrifice, et au bonheur que Dieu lui fait de l'associer à son Fils, pour devenir une même hostie avec lui.

La sacristine ayant préparé la croix, les chandeliers et les cierges dans l'avant-chœur, un crucifix pour la révérende mère Prieure, et une couronne d'épines que la mère maîtresse portera dans un plat, toutes les religieuses s'y assembleront pendant le second coup de la messe, et rangées processionnellement, les cierges allumés, se rendront au lieu où sera la novice, en chantant l'hymne :

Jesu, corona Virginum,
Quem mater illa concipit,
Quæ sola parturit,
Hæc vota clemens accipe.

Qui pascis inter lilia,

Septus choreis Virginum,
Sponsus decorus gloria,
Sponsisque reddens præmia.

Quocumque pergis, Virgines
Sequuntur, atque laudibus
Post te canentes cursitant,
Hymnosque dulces personant.

Te deprecamur largiùs,
Nostris adauge sensibus,
Nescire prorsùs omnia
Corruptionis vulnera.

Laus, honor, virtus, gloria,
Deo Patri, et Filio,
Sancto simul Paracleto,
In sæculorum sæcula. Amen.

La révérende mère Prieure.

Ma fille, si vous êtes disposée à suivre votre époux, je viens vous annoncer de sa part qu'il vous attend dans son saint temple, pour y recevoir votre sacrifice.

En même temps elle lui donnera le crucifix.

La novice le prenant entre les bras avec recueillement, dira :

Ma très-révérende mère, je suis prête de le suivre à la mort, et de m'immoler avec lui.

Ensuite la révérende mère Prieure lui mettra sur la tête la couronne d'épines, et en cet état elle suivra la procession qui s'en retournera au chœur, en chantant le pseaume Lætatus, etc. *Alors l'on sonnera le dernier coup de la messe. La révérende mère Prieure l'accompagnera, et la conduira à son prie-dieu, proche lequel sera son cierge allumé : aussitôt les religieuses ayant éteint leurs cierges, qu'elles mettront près d'elles (pour être rallumés après le sermon), l'on commencera la grand'-messe. Cette messe, même pendant les octaves, quoique l'office du Dimanche ne soit que semi-double, sera célébrée en grand solennel, soit du Saint-Esprit avec la prose, ou du Saint-Sacrement; soit de la sainte Vierge, ou de la solennité du jour. (Si c'est une veuve, il ne faut ni orgue ni encens). On aura soin d'avertir l'officiant d'offrir à Dieu la sainte messe pour la novice, et de dire l'oraison qui se trouve à la fin du missel. La sacristine fera mettre le voile devant le Saint-Sacrement, toutes les fois que le célébrant viendra à la grille.*

Les offices qui précèdent se diront à l'heure la plus commode. Les religieuses se rangeront, les plus anciennes près de la grille. Les prêtres, revêtus de leurs ornemens, étant arrivés au bas de l'autel pour l'exposition du Saint-Sacrement, s'il ne l'a été à la première, entonneront le Panis Angelicus, *qui sera soutenu par le chœur; et la strophe* Te trina Deitas *sera jouée sur l'orgue, à la fin de laquelle le chœur commencera l'*Introït, *et l'officiant la sainte messe.*

A l'offertoire on fait l'offrande pour les parens de la religieuse. Pendant la communion du célébrant, on la conduira à la grille pour y communier seule, ou du moins la première. La messe étant achevée, l'officiant revêtu d'une chape, et ses assistans de tuniques, après avoir fait la génuflexion au Saint-Sacrement, se placeront pour entendre le sermon, durant lequel les religieuses seront assises, ainsi que la novice.

Après le sermon, le diacre prendra la bénédiction de l'officiant; et étant accompagné du sous-diacre, ira chanter au lieu ordinaire le saint Evangile, Si quis vult venire post me. *Le célébrant sera debout, sans sortir de sa place, ainsi que les religieuses, lesquelles auront chacune un cierge à la main.*

La révérende mère, accompagnée des maîtresses, tenant leurs cierges à la main, s'avanceront vers la grille, où, ayant salué profondément le Saint-Sacrement, la révérende mère étant au siége préparé, la novice l'ira trouver; et après s'être mise à genoux, la révérende mère lui dira:

Ma fille, que demandez-vous?

La novice.

Ma très-révérende mère, je vous demande la grâce de me dédier et consacrer à Dieu; d'être reçue au nombre de celles qui composent votre sainte communauté, et demande la bénédiction de mes habits.

La révérende mère.

Avez-vous bien considéré à quoi vous oblige la profession que vous demandez avec tant d'instances?

La novice.

Oui; j'espère, par les mérites de Jésus-Christ, obtenir tous les moyens nécessaires pour m'en bien acquitter.

La révérende mère la prenant par la main, en la relevant, la fera mettre à genoux devant l'officiant, lequel sera près de la grille, la lui présentera, en disant: Voici notre chère sœur qui demande humblement de se dévouer à Dieu, en la sainte religion, vous suppliant de la consacrer à Notre Seigneur.

L'officiant.

Ma mère, m'assurez-vous que cette novice soit douée des qualités requises pour être digne de l'état qu'elle veut embrasser?

La révérende mère.

Autant que Dieu nous a donné de lumières pour les connoître, nous croyons qu'elle s'en pourra acquitter avec le secours de sa grâce.

L'officiant, s'adressant à la novice, lui dira :

Ma fille, voulez-vous donc être religieuse, réparatrice du Saint-Sacrement, et vous dévouer à l'éducation des enfans?

La novice.

Monsieur, j'espère cette miséricorde de l'infinie bonté de Dieu, et des prières de la sainte Eglise.

L'officiant.

Mais comprenez-vous bien l'importance de votre demande, et les obligations que la qualité de réparatrice vous impose? Etre religieuse, c'est être morte au monde, et ne plus vivre que pour Dieu. Être Bénédictine, c'est être bien réglée en ses mœurs, et dans la pratique de toutes les vertus. Être réparatrice du Saint-Sacrement, c'est être particulièrement dévouée à honorer la personne adorable de Jésus-Christ, renfermée dans la divine Eucharistie, faire toutes ses actions en esprit d'immolation et d'expiation, vous appliquer aux intérêts de sa gloire, vous dévouer à tout ce que l'obéissance vous prescrira pour l'utilité des enfans et de l'association. Pouvez-vous vous acquitter de toutes ces obligations ?

La novice, ayant le cœur élevé à Dieu, répond :

De moi-même, je ne le puis; mais fortifiée de la grâce que j'attends de la bonté de Dieu, et du secours de vos saintes prières, j'espère m'en acquitter.

L'officiant.

Puisque Dieu vous a donné ce dessein, il faut que vous l'exécutiez en son esprit, et par les mouvemens de sa sainte grâce : mais vous devez savoir que vous recevant à faire vos vœux, Jésus-Christ acquiert un pouvoir si absolu, et un droit si souverain sur tout votre être et vos actions, que vous ne devez jamais prétendre à pouvoir vous séparer de son service, ne vous considérant plus que comme une réparatrice qui lui est immolée, et qui ne doit avoir d'autre soin que de lui

plaire

plaire. Recueillez donc votre esprit et toutes les forces de votre ame pour vous rendre attentive au sacrifice que vous allez faire, tandis que nous demanderons l'assistance du Saint-Esprit, et que nous apporterons le Très-Saint-Sacrement, en la présence duquel vous prononcerez vos vœux, pour rendre votre consécration plus solennelle.

L'officiant retournant à l'autel avec ses assistans, après s'être mis à genoux sur la première marche, entonnera l'hymne Veni Creator, *que l'orgue et le chœur accompagneront de suite, alternativement.*

La première strophe achevée, l'officiant ayant encensé le Saint-Sacrement, l'apportera processionnellement devant la grille, accompagné du diacre et du sous-diacre. Le dais sera porté par les plus proches parens de la novice. On étendra un grand tapis devant la grille, et toutes les religieuses auront un cierge à la main. Le prêtre ayant encensé le Saint-Sacrement, dira :

Emitte Spiritum tuum, et creabuntur.
R. Et renovabis faciem terræ.
Panem cœli dedit eis.
R. Panem Angelorum manducavit homo.

OREMUS.

Deus qui corda fidelium Sancti Spiritûs illustratione docuisti, da nobis in eodem Spiritu recta sapere, et de ejus semper consolatione gaudere.

Deus qui nobis sub Sacramento mirabili, passionis tuæ memoriam reliquisti, tribue, quæsumus, ita nos corporis et sanguinis tui sacra mysteria venerari, ut redemptionis tuæ fructum in nobis jugiter sentiamus; qui vivis, etc.

La révérende mère Prieure, présentant à la novice ses vœux, lui dira :

Ma fille, si vous êtes constante en votre résolution de vous donner à Dieu de tout votre cœur, prononcez devant sa divine Majesté les vœux que je vous présente ?

La novice demeurera toujours à genoux, fera une profonde inclination, en les recevant avec respect, et les prononcera très-distinctement, ayant fait la même inclination au Saint-Sacrement, et fait le signe de la croix.

L'officiant lui dira :

Ma fille, si vous accomplissez la promesse que vous venez de faire à Dieu, je vous promets de sa part la vie éternelle.

Cela étant achevé, il chantera l'oraison suivante :

OREMUS.

Sorores charissimæ, ut quod soror ista, ore professa est, opere feliciter compleat, auxiliante Domino nostro Jesu-Christo, qui cum Patre et Spiritu Sancto vivit et regnat Deus, per omnia sæcula sæculorum.

Amen.

PRIONS.

Mes très-chères sœurs, afin que votre nouvelle sœur accomplisse heureusement dans ses œuvres les vœux qu'elle vient de prononcer.

Ainsi soit-il.

Pendant qu'on chantera un motet au Saint-Sacrement, la nouvelle professe y fera une inclination profonde, et s'approchera un peu du côté de la révérende mère, entre les mains de laquelle elle doit signer ses vœux. La secrétaire aura eu soin de porter une plume, de l'encre, et quelque chose pour appuyer le parchemin de ses vœux. Après son nom de baptême, de famille, elle fera une croix de cette sorte †. *La révérende mère les recevra, et les lui remettra; après une seconde inclination, elle retournera vis-à-vis le Saint-Sacrement, où elle en fera une plus profonde; et se relevant aussitôt, la nouvelle professe présentera ses vœux au Saint-Sacrement. Le prêtre recevra sa cédule, la fera toucher au Saint-Sacrement, et les remettra à la professe qui les portera au pied de la sainte Vierge, étant toujours accompagnée de sa maîtresse; et toutes deux feront, devant et après, des inclinations très-profondes au Saint-Sacrement.*

La professe étant au milieu du chœur, et le motet du Saint-Sacrement étant fini, elle chantera debout, trois fois, le V. Suscipe me Domine secundum eloquium tuum, et vivam. *A ces paroles*, et non confundas me, *elle se met à genoux, et fait une inclination si profonde, qu'à ces derniers mots*, ab expectatione mea, *elle ait la face environ à un pied de la terre. Elle fait cette même cérémonie les trois fois qu'elle chante seule*, Suscipe; *mais lorsque le chœur le chante, elle demeure debout, et s'incline profondement, pendant que le chœur chante* Gloria Patri. *Celles qui l'assistent ſont les mêmes cérémonies, sans se prosterner, mais seulement se mettent à genoux. Pendant le* Gloria Patri, *on étend le drap mortuaire. L'officiant, à la fin; chantera l'oraison suivante.*

OREMUS.

Domine Jesu-Christe, Fili Dei vivi, qui mirabili charitatis affectu, in sanctissimo altaris Sacramento, usque ad consummationem sæculi nobiscum esse voluisti, atque dono gratiæ singularis, famulam tuam, sororem nostram, à sæculi vanitate conversam ad tanti Sacramenti societatem vocare dignatus es, ut tui amoris sponsa, et tuæ sanctitatis victima,

PRIONS.

Seigneur Jésus-Christ, fils du Dieu vivant, qui, par un prodige merveilleux de votre amour, avez voulu demeurer avec nous dans le Sacrement de votre amour, jusqu'à la consommation des siècles, et qui par une faveur et une grâce particulières, avez daigné appeler à la participation de cet auguste Sacrement votre servante, notre sœur, en la retirant des vanités du siècle, afin qu'elle méritât de devenir par vous, et en vous, l'épouse de votre amour, et la réparatrice de votre sainteté; nous supplions votre infinie bonté de la rendre,

per te et in te fieri mereretur : quæsumus immensam clementiam tuam, ut ipsam tali vocatione dignam, tuâ gratiâ efficias, ipsiusque sacrificium, quod hodie pro sanctissimi corporis et sanguinis tui gloria incepit, ipsa perficiat. Qui vivis et regnas Dieu in sæcula sæculorum. *R.* Amen.

par votre grâce, digne d'une si haute vocation, et de consommer vous-même le sacrifice de sa personne, qu'elle a commencé pour la gloire de votre très-saint corps, et de votre sang précieux. Vous qui vivez et régnez dans tous les siècles des siècles. Ainsi soit-il.

Enfin l'on chantera, Ecce panis Angelorum, *ou le* Tantum ergo, *pendant que l'officiant encensera le Très-Saint-Sacrement ; et après en avoir donné la bénédiction aux religieuses et à l'assemblée séculière, s'en retournera avec ses assistans reporter le Saint-Sacrement à l'autel, et le remettra dans le tabernacle avec les cérémonies ordinaires.*

La sacristine présentera la corbeille où sont les habits, et le plat où sera le voile, ainsi que celui où seront la bague et la figure du Saint-Sacrement.

Le prêtre fera la bénédiction et les encensemens comme ci-après.

Bénédiction du grand habit.

V. Adjutorium nostrum in nomine Domini; qui fecit cœlum et terram.

OREMUS.

Suppliciter te, Domine, rogamus, ut super hanc vestem bene † dictio tua benigna descendat; et sit hæc vestis benedicta, consecrata, immaculata et sancta per Christum Dominum nostrum. *R*. Amen.

Puis il l'aspergera d'eau bénite, et l'encensera par trois coups.

Tandis que l'officiant dira cette oraison, la seconde sacristine, avec une écharpe aussi, prendra le plat où sera le voile noir, pour le faire bénir de la même façon que dessus.

Bénédiction du voile noir.

OREMUS.

Caput omnium fidelium Deus, et totius corporis sal-

PRIONS.

Mon Dieu, qui êtes le chef et le sauveur de tous les hommes, que votre droite sanc-

vator, hoc operimentum velaminis, quod famula tua propter amorem tuum capiti suo, est impositura, dextrâ tuâ sancti ✝ fica; et hoc, quod per illud mystici datur intelligi, tua semper custodia, corpore pariter, et animo incontaminato custodiat; ut quando ad perpetuam Sanctorum remunerationem venerit, cum prudentibus, et ipsa virginibus, præparata, te perducente, ad sempiternæ felicitatis nuptias mereatur introire. Qui vivis et regnas Deus, per omnia sæcula.

tifie ce voile, dont votre servante va se couvrir pour votre amour, et celui de la bienheureuse Vierge Marie votre mère, et que par votre grâce elle observe toujours, avec une pureté sans tache de l'âme et du corps, ce que signifie ce vêtement; afin que quand elle arrivera à l'éternelle récompense des Saints, étant préparée, elle mérite que vous la conduisiez et la fassiez entrer avec les vierges prudentes aux noces d'une éternelle félicité.

Puis il l'aspergera d'eau bénite, et l'encensera.

Pendant la bénédiction du voile, la première sacristine viendra à la révérende mère Prieure, lui apporter la corbeille du grand habit, dans laquelle la mère maîtresse l'ayant pris, le dépliera avec son assistante, et le présentera à la révérende mère, qui en vêtira la professe, disant à voix basse :

Induat te Dominus novum hominem, qui secundum Deum creatus est in justitia, et sanctitate veritatis.

Que le Seigneur vous revête du nouvel homme qui a été créé dans la justice et la sainteté de la vérité.

La mère maîtresse répondra : Amen.

Et la corbeille du voile étant apportée par la sacristine, en la même façon que la première, la mère maîtresse y prendra le voile, et l'ayant déplié, le présentera à la révérende mère Prieure, qui le mettra sur la tête de la professe, disant :

Accipe velum sacrum, quo cognoscaris mundum contempsisse, et te Christo-Jesu veraciter, humiliterque toto cordis affectu sponsam perpetualiter subdidisse, qui

Recevez ce voile sacré qui fait connaître que vous avez méprisé le monde, et que vous vous êtes soumise à Jésus-Christ, pour être son épouse perpétuelle dans la sincérité, l'humilité, et dans toute l'affection de votre cœur, afin qu'il vous pré-

te ab omni malo defendat, et ad vitam perducat æternam.	serve de tout mal, et vous conduise à la vie éternelle.
R. Amen.	Ainsi soit-il.

Tandis que l'on voilera la professe, la sacristine présentera à l'officiant le plat de la bague, et de la figure du Saint-Sacrement, pour les faire bénir.

Bénédiction de la bague.

OREMUS.

Creator et conservator humani generis, dator gratiæ spiritualis et largitor humanæ salutis, tu Domine, emitte bene✝dictionem super hunc annulum, ut quæ eum gestaverit cœlesti virtute munita, fidem integram, fidelitatemque sinceram teneat, sicut sponsa Christi castitatis propositum custodiat, et in eâ perpetuò perseveret. Per Christum Dominum nostrum. *R.* Amen.

Bénédiction de la figure du Très-Saint-Sacrement.

OREMUS.	PRIONS.
Benedic, Domine, hanc imaginem di-	Bénissez, Seigneur, cette image de votre divin Sacre-

vinissimi tui Sacramenti, ut benedictione tua munita, omnes inimicorum tuorum impetus irritos faciat. Per Christum Dominum nostrum. *R.* Amen.

ment, afin que par la vertu de votre sainte bénédiction elle déjoue tous les assauts de vos ennemis.

Puis il l'aspergera d'eau bénite, et l'encensera par trois fois.

Enfin, étant rapporté, la mère maîtresse y prendra la figure du Saint-Sacrement, et la présentera à la révérende mère Prieure, qui la remettra à la professe, en disant :

Accipe, charissima soror, pignus amoris tui sponsi in hac imagine expressum.

Recevez, ma chère sœur, ce gage de l'amour de notre Seigneur, exprimé sur cette image.

La sacristine remettra le plat où sera la bague, sur la crédence, et la professe ayant fait une inclination à la révérende mère, sera conduite par la maîtresse des novices au milieu du chœur, où, ayant salué les quatre coins en forme de croix, elle se mettra à genoux sur un tapis noir qu'on aura étendu pour cet effet. On commencera les litanies de la profession, pendant lesquelles elle se prosternera entièrement; et quatre novices étendant sur elle un drap mortuaire, de telle sorte que les bords pendent à terre, on mettra quatre chandeliers garnis de cierges allumés. Toutes les religieuses seront à genoux, sans sortir de leurs places. La révérende mère Prieure retournera à la sienne, et les assistans au bas de l'autel.

Kyrie eleison, Christe eleison,
Christe audi nos, Christe exaudi nos.
Pater de cœlis Deus, miserere ejus.
Fili redemptor mundi Deus, miserere ejus.
Spiritus sancte Deus, miserere ejus.
Sancta Trinitas unus Deus, miserere ejus.
Sancta Maria, ora pro ea.
Sancte Michaël, ora pro ea.
Sancte Gabriel, ora pro ea.
Sancte Raphaël, ora pro ea.
Omnes Sancti Angeli et Archangeli, orate pro ea.
Sancte Joannes Baptista, ora pro ea.
Sancte Petre et Paule, orate pro ea.
Omnes Sancti Apostoli et Evangelistæ, orate p. ea.
Sancte Placide, cum sociis tuis, orate pro ea.
Omnes Sancti Martyres, orate pro ea.
Omnes Sancti Pontifices et Confessores, orate pro ea.
Sancte Pater Benedicte, ora pro ea.
Sancte Joseph, ora pro ea.
Sancte Maure, ora pro ea.
Omnes Sancti Monachi et Eremitæ, orate pro ea.

Sancta Scholastica, ora pro ea.
Sancta Angadisma, ora pro ea.

Ici la patronne de la professe.

Omnes Sancti et Sanctæ Dei, intercedite pro ea.
Propitius esto, parce ei, Domine.
Ab omni malo, libera eam, Domine.
Per mysterium Sanctæ Incarnationis, Passionis, Resurrectionis, et Ascensionis tuæ, libera eam, Domine.
Peccatores, te rogamus, audi nos.
Ut pacem ei dones, et oculos misericordiæ tuæ super eam reducere digneris, te rogamus, audi nos.
Ut obsequium servitutis suæ rationabile facias, et mentem ejus ad cœlestia desideria erigas, te rogamus, audi nos.
Ut regularibus disciplinis eam instruere digneris; et quod te inspirante promittit, te adjuvante perficiat, te rogamus, audi nos.
Fili Dei, te rogamus, audi nos.
Fili Dei, te rogamus, audi nos.
Agnus Dei, etc. parce ei, Domine.
Agnus Dei, qui tollis pecca-

ta, etc. exaudi eam, Domine.
Agnus Dei, etc. miserere ejus, Domine.

Les Litanies achevées, *Pater noster.*

Kyrie eleison, Christe eleison,

Dominus vobiscum, *R.* Et cum, etc.

OREMUS.

Domine Jesu-Christe, qui via es, veritas, et vita, sine quo nemo venit ad patrem, infinitam pietatem tuam deprecamur, ut tu, qui peccatores vocare dignatus es, dicendo : Venite ad me omnes qui laboratis et onerati estis, et ego reficiam vos; hanc famulam tuam omnibus renuntiantem ut te sequatur, in viam religiosæ perfectionis benignè perducas. Hanc invitationem tuam, ita nos fac attendere, ut deposito pecca-

PRIONS.

Mon Seigneur Jésus-Christ, qui êtes la voie, la vérité, la vie, sans lequel personne n'arrive au port, nous prions votre bonté infinie de conduire par le chemin de la perfection religieuse, votre fidèle servante qui renonce à toutes les choses temporelles, pour vous suivre, vous qui avez daigné appeler les pécheurs en leur disant : Venez à moi, vous tous qui êtes chargés et fatigués, je vous soulagerai. Faites nous si bien entendre cette divine invitation, que déposant à vos pieds le fardeau de nos péchés, nous puissions goûter combien votre joug est doux, et que cette fidèle servante, soute-

torum nostrorum onere, gustare possimus quam suave est jugum tuum. Hæc tua fidelis ancilla, gratiæ tuæ auxilio, admittatur in numero ovium tuarum, de quibus bonum testimonium perhibebis. Te solum pastorem suum agnoscat, soli tuæ voci docilis, tu qui dixisti : Ubi servus meus, ibi sum et ego. Semper istud gaudium sentiat quod ducit ad æternum tuum gaudium, ubì regnat Pater cum te Filio, et Spiritu Sancto, per omnia sæçula sæculorum. Amen.

nue par votre grâce, soit admise au nombre des brebis, dont vous rendrez témoignage. Faites qu'elle vous reconnoisse pour son pasteur, n'en suive jamais d'autre ; qu'attentive à votre seule voix, ô vous qui nous avez dit : Je serai où sera mon fidèle serviteur, elle possède cette joie constante et perpétuelle qui conduit à la félicité éternelle où règne le Père, le Fils et le Saint-Esprit, dans tous les siècles des siècles. Ainsi soit-il.

Le chœur chantera :

Soror nostra mortua est, et vita ejus abscondita est in Christo-Jesu.

Notre sœur est morte au monde, et sa vie est cachée en Dieu avec Jésus-Christ.

L'officiant chantera le verset et l'oraison suivans :

V. Beati mortui.
R. Qui in Domino moriuntur.

Heureux les morts qui meurent dans le Seigneur.

OREMUS.

Fac, Domine, hanc cum famula tua misericordiam, ut defuncta sæculo tibi vivens in solâ Christi cruce glorietur, per quem ei mundus crucifixus est, et illa mundo, ad vitam perveniat sempiternam. Per Christum Dominum nostrum. Amen.

PRIONS.

Faites, Seigneur, cette grâce à votre servante, que morte au monde, vivant pour vous, elle ne se glorifie que dans la seule croix de Jésus-Christ, par lequel le monde lui a été crucifié, comme elle l'a été au monde, afin qu'elle obtienne la vie éternelle, par le même Jésus-Christ notre Seigneur. Ainsi soit-il.

L'officiant, élevant sa voix, chantera :

Surge quæ dormis, et exurge à mortuis, et illuminabit te Christus.

Levez-vous, vous qui dormez, éveillez-vous d'entre les morts, Jésus-Christ sera votre lumière.

Les religieuses chantent :

Surge, propera,

amica

amica mea, columba
mea : veni de Libano ;
veni, coronaberis.

Aussitôt les religieuses se releveront. Lorsque l'on commencera ledit motet Surge, propera, *on ôtera le drap mortuaire ; la professe se relevera, sera conduite par la mère maîtresse devant la grille, et toutes deux ayant fait une inclination à l'officiant, en feront de même à la révérende mère Prieure, qui sera à côté de la grille.*

La sacristine rapportera le plat où la mère maîtresse prendra la bague, et la présentera à la révérende mère Prieure, qui la mettra au doigt annulaire de la professe, en disant ;

Desponsa te Jesu-Christo, Filio summi Patris, qui te illæsam custodiat : accipe ergo annulum fidei, signaculum Spiritûs sancti, ut sponsa Dei voceris : et si fideliter ei servieris in perpetuum coroneris. Amen.

Je vous unis à Jésus-Christ, Fils du Très-Haut, afin qu'il vous préserve de tout danger : recevez donc l'anneau de la foi, le sceau du Saint-Esprit, afin d'être appelée l'épouse de Dieu, et d'être couronnée pendant l'éternité, si vous le servez fidèlement.

Ainsi soit-il.

En disant ces dernières paroles, elle lui mettra la couronne d'épines sur la tête. La professe fera une inclination à la révérende mère Prieure, se tournera vers la grille, et chantera l'antienne suivante :

Annulo suo subornavit me Dominus meus Jesus-Christus ; et tanquam sponsam decoravit me corona.

Mon Seigneur Jésus-Christ m'a enrichie de son anneau ; il m'a décorée de sa couronne comme son épouse.

Puis elle se mettra à genoux pour recevoir la bénédiction de l'officiant, qui chantera :

Benedictio Dei Patris omnipotentis † et Filii † et Spiritûs sancti descendat super te, et maneat semper. Amen.

Que la bénédiction de Dieu le Père tout-puissant, du Fils et du Saint-Esprit, descende sur vous et y demeure toujours.

Ici l'on chantera le Te Deum. *La professe se relevera, fera une inclination à l'officiant, et sera conduite par la mère maîtresse devant l'image de la très-sainte Vierge ; et lui faisant une profonde révérence, elle baisera ses pieds. De là elle sera conduite devant la révérende mère Prieure, se mettra à genoux, lui baisera la main en signe de son dévouement et obéissance ; après elle continuera le baiser de paix, et saluera toutes les religieuses, ainsi qu'il est dit à la vêture, pendant qu'on chantera le* Te Deum. *A la fin du baiser de paix, la professe sera conduite à la grille, et se mettra à genoux, à une certaine distance, devant l'officiant, qui chantera les versets et oraisons suivans :*

Les religieuses seront tournées vers la grille.

V. Benedicamus Patrem et Filium cum Sancto Spiritu.

R. Laudemus et superexaltemus eum in sæcula.

V. Dominus vobiscum.

R. Et cum spiritu tuo.

OREMUS.

Omnipotens sempiterne Deus, qui dedisti famulis tuis in confessionne veræ fidei æternæ Trinitatis gloriam agnoscere, et in potentia majestatis adorare unitatem; quæsumus, ut ejusdem fidei firmitate ab omnibus semper muniamur adversis. Per Christum Dominum nostrum. Amen.

OREMUS.

Omnes quamvis per gratiam baptismi sorores simus in Christo, et unum Patrem habeamus in cœlo, si ejus præceptis prout possumus obsequimur, procul dubiò tunc maximè unimur, quando orationibus et beneficiis invicem nos copulamus. Quemadmodum in primitivâ Ecclesiâ sancti Patres quibus cor unum et anima una erat fuisse leguntur : quorum plures Christi amore mente accensi, possessiones et facultates rerum vendentes, congregatis in unum pretiis ad apostolos ferebant gaudentes : quæ apostoli accipientes tribuebant omnibus prout opus erat. Sicque ista Deo inspirante eorum exemplo commonita nostris optat conjungi consortiis. Idcirco damus ei communem societatem vivendi nobiscum, quantum à Domino possumus promereri et nostrum est largiri. Quatenus cum electis à remuneratore omnium bonorum valeat præmia repromissa percipere, præstante Domino nostro Jesu-Christo, qui cum Patre et Spiritu Sancto vivit et regnat Deus. Per omnia sæcula sæculorum. Amen.

V. Ostende nobis, Domine, misericordiam tuam.

R. Et salutare tuum da nobis.

V. Confirma hoc, Deus,

R. Quod operatus es in nobis.

V. Salvam fac ancillam tuam.

R. Deus meus sperantem in te.

V. Esto ei, Domine, turris fortitudinis.

R. A facie inimici.

V. Nihil proficiat inimicus in eâ.

R. Et filius iniquitatis non apponat nocere ei.

V. Mitte ei auxilium de sancto.

R. Et de Sion tuere eam.

V. Domine, exaudi orationem meam.

R. Et clamor meus ad te veniat.

Dominus vobiscum.

Et cum spiritu tuo.

OREMUS.

Concede, quæsumus, omnipotens Deus, ut intercessio nos sanctissimæ genitricis tuæ, sponsi sancti Benedicti ac sanctæ Scolasticæ, sanctorum omnium, angelorum, apostolorum, martyrum, confessorum atque virginum, et omnium electorum tuorum, ubique lætificet, ut dum eorum merita recolimus, patrocinia sentiamus.

Ici les religieuses se mettront à genoux pour recevoir la bénédiction de l'officiant, qui chantera l'oraison suivante :

*

Exaudi, Domine, preces nostras, et super has famulas tuas spiritum tuæ benedictionis emitte, ut cœlesti munere ditatæ, tuæ majestatis gratiam possint acquirere, et bene vivendi aliis exemplum præbere. Per Christum Dominum nostrum.

Exaucez, Seigneur, nos prières, et répandez les effets salutaires de votre bénédiction sur vos servantes ici présentes, afin qu'enrichies de vos dons célestes, elles puissent être agréables à votre divine majesté, et donner aux autres l'exemple d'une vie sainte et irréprochable. Par Jésus-Christ notre Seigneur.

L'officiant bénira de nouveau, en disant :

Gratia Domini nostri Jesu-Christi, et charitas Dei, et communicatio Spiritûs sancti, sit cum omnibus vobis. In nomine Patris et Filii et Spiritûs sancti. Amen.

Que la grâce de notre Seigneur Jésus-Christ, l'amour de Dieu et la communication du Saint-Esprit, demeurent toujours avec vous. Au nom du Père, et du Fils, et du Saint-Esprit. Ainsi soit-il.

Le chœur chantera Te decet, *pendant que l'officiant et les assistans s'en retourneront à la sacristie. La révérende mère placera la professe dans les stalles, au rang qu'elle lui destine.*

On fermera les rideaux.

SUITE DU CÉRÉMONIAL.

Profession des Sœurs converses.

Le jour de la profession, la novice, étant vêtue de ses habits neufs de religion, assistera à Prime, Tierce, et autres petits offices. Pendant la sainte messe, elle sera à genoux, tenant son cierge, ainsi qu'il est dit à la vêture; elle communiera la première : la messe achevée ainsi que l'exhortation, le célébrant accompagné du diacre et du sous-diacre, étant arrivés près de la grille, le diacre recevra la bénédiction du célébrant pour chanter le saint Evangile.... Si quis vult venire; *lequel fini, la célérière conduira la novice devant la révérende mère Prieure, aux pieds de laquelle elle se mettra à genoux, et elle l'interrogera en cette manière :*

Ma sœur, que demandez-vous?

La novice.

Ma révérende mère, je demande, par la miséricorde de Dieu, l'admission dans l'ordre, et d'être associée à cette sainte communauté par la profession religieuse en la condition de sœur converse; vous suppliant de m'y recevoir pour l'amour de Dieu.

La révérende mère répondra.

Je vous reçois au nom du Père, du Fils et du Saint-Esprit.

L'officiant viendra à la grille, où la révérende mère présentera la novice, en disant :

Voici notre très-chère sœur qui demande à se consacrer à Dieu, en la sainte religion.

L'officiant.

Madame, m'assurez-vous que cette novice ait les qualités requises pour être digne de l'état qu'elle veut embrasser?

La révérende mère.

Autant que Dieu nous a donné de lumières pour les reconnoître, nous croyons qu'elle s'en pourra acquitter avec la grâce de Dieu.

L'officiant, s'adressant à la novice, lui dira :

Ma fille, comprenez-vous bien l'importance de votre demande, et les obligations que la qualité de réparatrice vous impose? Etre religieuse, c'est être morte au monde, et ne plus vivre que pour Dieu. Etre Bénédictine, c'est pratiquer toutes les vertus avec toute la perfection possible, se dévouer à honorer la personne adorable de Jésus-Christ dans la sainte Eucharistie, s'appliquer aux intérêts de sa gloire, et être disposée à travailler à toute heure, à ce que l'obéissance vous prescrira, vous consacrant au bien-être de la maison, et à tout ce qui peut concerner l'utilité des enfans.

La novice répond:

De moi-même, je ne le puis; mais fortifiée de la grâce, de l'infinie bonté de Dieu, par le secours de vos prières et de celles de la sainte Eglise, j'espère m'en acquitter.

L'officiant:

Ma fille, puisque Dieu vous soutient dans ce dessein, il vous donnera la grâce pour l'exécuter; il acquiert un droit sur votre être, et un pouvoir si absolu, que toutes vos actions ne doivent plus avoir d'autre but que de lui plaire. Recueillez votre esprit et toutes les facultés de votre ame pour être attentive au sacrifice que vous allez faire, tandis que nous demanderons l'assistance de Dieu, et que nous apporterons le Très-Saint-Sacrement, en présence duquel vous prononcerez vos vœux, pour rendre votre consécration plus solennelle.

On chante : Tantum ergo, *et l'oraison* Deus qui nobis sub Sacramento.

La novice prend les vœux et les prononce distinctement, en élevant sa voix à ces mots :

Je, sœur N., etc., fais profession, en qualité de sœur converse, en ce monastère de S. Benoît, dédié à Notre-Dame de Paix, etc.

Le célébrant.

Ma fille, si vous accomplissez avec fidélité la promesse que vous venez de faire, je vous promets, de la part de Dieu, la vie éternelle.

Et entre les mains de la révérende mère, elle signera, ou fera une † si elle ne sait pas signer, sur la cédule, qu'elle priera qu'on écrive pour elle, avec ses noms et surnoms.

La révérende mère lui remettra ses vœux, qu'elle portera à l'officiant, qui les offrira à Dieu, et les lui remettra : de là elle les portera aux pieds de la sainte Vierge, en lui demandant son assistance pour les bien accomplir. Après avoir fait de profondes inclinations, elle reviendra renouveler l'offrande d'elle-même à Dieu, aux pieds du Saint-Sacrement ; et le prêtre dira d'un ton droit, tandis qu'elle et tout le chœur baissent la tête, et s'inclinent profondément :

OREMUS.

Sorores charissimæ, ut quod soror ista professa est, opere feliciter compleat, auxiliante Domino nostro Jesu-Christo, qui cum Patre et Spiritu Sancto, vivit et regnat Deus, per omnia sæcula sæculorum. Amen.

L'oraison achevée, la novice se levera ; accompagnée de deux religieuses ; elle dira le V. Suscipe me, Domine, secundum eloquium tuum, et vivam ; *et à ces paroles*, et non confundas me ab expectatione mea, *elle s'inclinera étant à genoux, en sorte que la tête soit à un demi-pied de terre : les deux maîtresses en feront autant, alternativement. Elle se tiendra debout, seulement inclinée, pendant qu'elle et le chœur répéteront le* Suscipe ; *et à la troisième fois, elles resteront tout-à-fait inclinées pendant que le chœur dira :* Gloria Patri, *et* sicut erat. *Après, l'officiant dira les versets et les oraisons suivans :*

Kyrie eleison. Christe eleison.

Kyrie eleison. Pater noster.

V. Et ne nos inducas in tentationem.

R. Sed libera nos à malo.

V. Salvam fac ancillam tuam, Domine,

R. Deus meus, sperantem in te.

V. Ostende ei, Domine, misericordiam tuam.

R. Et salutare tuum da ei.

V. Esto ei, Domine, turris ſortitudinis.

R. A facie inimici.

V. Nihil proficiat inimicus in ea.

R. Et Filius iniquitatis non apponat nocere ei.

V. Mitte ei, Domine, auxilium de sancto.

R. Et de Sion tuere eam.

V. Domine, exaudi orationem meam.

R. Et clamor meus ad te veniat.

V. Dominus vobiscum.

R. Et cum spiritu tuo.

OREMUS.

Deus, qui per coæternum Filium tuum cuncta creasti, quique mundum peccatis inveteratum per mysterium Incarnationis ejus renovare dignatus es, te suppliciter exoramus, ut ejusdem Domini nostri gratia, super hanc famulam tuam abrenuntiationem sæculi profitentem, clementer respicere dignetur, per quam spiritu mentis suæ renovata, veterem hominem cum actibus suis exuat, et novum qui secundum Deum creatus est, induere mereatur. Per eumdem Christum Dominum nostrum. Amen.

ORAISON.

O Dieu, qui avez créé et renouvelé toutes choses, nous vous supplions de regarder d'un œil favorable votre servante, qui a prononcé son renoncement au siècle; afin qu'étant renouvelée de cœur et d'esprit, elle se dépouille du vieil homme et de toutes les œuvres du péché, et qu'elle mérite d'être revêtue du nouveau qui a été créé selon Dieu. Par Jésus-Christ notre Seigneur, qui étant Dieu, vit et règne en l'unité du Saint-Esprit.

Ainsi soit-il.

OREMUS.

Sancte Spiritus, qui te Deum ac Do-

PRIONS.

Esprit Saint, qui avez daigné vous faire connoître aux

minum revelare dignatus es mortalibus, immensam tuæ pietatis gratiam postulamus: ut sicut ubi vis spiras, sic et huic famulæ tuæ affectum devotionis indulgeas; et quoniam tua sapientia est condita, tua quoque providentia gubernetur, quam juxta tibi consuetam gratiam unctio tua de omnibus doceat: et per intercessionem beatissimi patris nostri Benedicti (quem præcipuum hujus sanctæ institutionis legislatorem dedisti), nec non et aliorum Sanctorum ad quorum nomina petitionem facit: fac eam à vanitate sæculi veraciter converti, et sicut es omnium peccatorum remissio, deprimentes impieta-

hommes comme Dieu et maître, nous vous demandons la plénitude de votre grâce, afin que comme vous soufflez où vous voulez, vous inspiriez à votre servante une dévotion affectueuse; et puisque c'est votre sagesse qui l'a créée, que ce soit votre providence qui la gouverne. Que votre onction lui enseigne tout ce que vous voulez d'elle, ainsi que vous avez la bonté de le faire ordinairement par l'intercession de notre bienheureux père Benoît, que vous nous avez donné dans ce saint Institut pour principal législateur; par l'intercession des autres Saints qu'elle invoque, accordez-lui d'être vraiment dégagée de toute vanité de ce monde, et la rémission de ses péchés. Détruisez en elle tout ce qui pourroit s'opposer à la piété. Donnez-lui une ferveur qui lui fasse observer nos règles avec une sainte émulation; que dans ses peines et ses anxiétés elle soit toujours soutenue par vos consola-

tis obligationes in ea dissolve : et ad observantiam hujus sancti propositi fac eam certatim fervere, ut in tribulationibus et angustiis tua indeficiente consolatione valeat respirare : et justè et piè per veram humilitatem et obedientiam in fraterna charitate fundata, quod te donante hodie promittit, felici perseverantia compleat : qui cum Deo Patre sanctoque unigenito Filio ejus Domino nostro Jesu-Christo vivis et gloriaris, Deus, per infinita sæcula sæculorum. Amen.

tions, et affermie dans la charité fraternelle par une vraie humilité, avec justice, piété et obéissance, afin que ce qu'elle a promis aujourd'hui par votre grâce, elle l'accomplisse avec persévérance.

Nous vous en prions, ô vous Esprit saint, qui, avec Dieu le Père, et son Fils unique notre Seigneur Jésus-Christ, vivez et régnez dans tous les siècles des siècles.

Ainsi soit-il.

Ici l'on chante, pour reporter le Saint-Sacrement : Ave verum, *ou* Tantum ergo. *Après avoir donné la bénédiction aux assistans, l'officiant remet le Saint-Sacrement dans le tabernacle.*

La sacristine présentera la corbeille où sont les habits, le voile, le plat où est la bague et la figure du Saint-Sacrement, pour que le prêtre les bénisse.

V. Adjutorium nostrum in nomine Domini.

R. Qui fecit cœlum et terram.

V. Domine, exaudi orationem meam.

R. Et clamor meus ad te veniat.

V. Dominus vobiscum.

R. Et cum spiritu tuo.

OREMUS.

Domine Jesu-Christe, qui tegumen nostræ mortalitatis induere dignatus es, obsecramus immensam tuæ largitatis abundantiam, ut hoc genus vestimenti, quod sancti Patres ad innocentiæ vel humilitatis indicium abrenuntiantes sæculo ferre sanxerunt, tu ità benedicere et sanc-

PRIONS.

Mon Seigneur Jésus-Christ, qui avez daigné vous couvrir des vêtemens de notre humanité, nous prions votre bonté infinie, de daigner bénir et sanctifier cette espèce de vêtement que les Saints Pères ont voulu que portassent les personnes qui renonceroient au siècle, pour marque de leur innocence et de leur humilité. Faites que votre servante, qui va être revêtue de ce vêtement, mérite aussi d'être re-

tificare digneris, ut famula tua quæ hoc induta fuerit indumento, te quoque induere mereatur. Qui vivis et regnas in sæcula sæculorum. Amen.

vêtue un jour de celui de l'immortalité, ô vous, qui vivez et régnez dans l'unité du Saint-Esprit, dans tous les siècles des siècles.

Ainsi soit-il.

OREMUS.

Deus, æternorum bonorum fidelissime promissor et certissime persolutor, qui vestimentum salutis et indumentum jucunditatis tuis fidelibus promisisti, clementiam tuam humiliter exposcimus, ut hæc indumenta humilitatem cordis et contemptum mundi significantia, quibus famula tua sancto visibili est informanda proposito, proposita benedicas, ut beatæ abnegationis habitum, quem te aspirante suscipit,

PRIONS.

O Dieu, qui promettez des biens éternels, et qui tenez toujours vos promesses, vous avez promis à vos fidèles serviteurs le vêtement du salut, et l'habit de l'alégresse. Nous prions humblement votre clémence qu'elle daigne bénir ces vêtemens, qui sont des marques de l'humilité du cœur et du mépris du monde, dont votre servante doit se revêtir d'après le saint propos qu'elle manifeste, afin qu'elle conserve, par le secours de votre grâce, l'habit de l'humilité qu'elle prend par votre inspiration. Faites que celle qui se couvre dans cette vie des habits de la religion sainte, soit un jour revêtue de

te protegente custodiat; et quam vestibus venerandæ religionis induis temporaliter, beata facias immortalitate vestiri. Per Christum Dominum nostrum. Amen.

l'immortalité bienheureuse. Par Jésus-Christ notre Seigneur.

OREMUS.

Caput omnium fidelium, Deus, et totius corporis salvator, hoc operimentum velaminis, quod famula tua propter amorem tuum capiti suo est impositura, dextera tua sanctifica : et hoc, quod per illud mysticè datur intelligi, tua semper custodia, corpore pariter et animo incontaminato custodiat, ut quando ad perpetuam Sanctorum remunerationem venerit, cum prudentibus et ipsa virginibus præparata, te perducente, ad sempiternæ felicitatis nuptias mereatur introire. Qui vivis et regnas, Deus, per omnia sæcula sæculorum. Amen.

OREMUS.

Omnipotens sempiterne Deus, cujus

PRIONS.

Dieu tout-puissant et éternel, faites qu'animée par l'ar-

charitatis ardore succensa hæc famula tua stabilitatem suam tibi in hac congregatione promittendo, tuo jugo collum submittit, concede propitius, ut in ultimo tui examinis die, in dextera tua collocata, cuncta devotionis suæ promissa se adimplesse lætetur. Per Christum Dominum nostrum. Amen.

deur de votre charité, en vous promettant d'être stable dans cette association, soumise à votre joug jusqu'au dernier jour du jugement, votre servante soit placée à votre droite, et qu'elle se réjouisse d'avoir rempli toutes ses promesses. Par Jésus-Christ notre Seigneur.

OREMUS.

Deus, qui beatissimum Benedictum abstractum à mundi turbinibus, tibi soli militare jussisti : tribue, quæsumus, huic famulæ tuæ sub ejus magisterio ad tuum servitium festinanti, perseverandi constantiam, et perfectam usque in finem victoriam. Per Christum Dominum nostrum. Amen.

PRIONS.

O Dieu, qui avez voulu que le bienheureux Saint Benoît, séparé de toutes les affaires du monde, ne servît que vous seul, accordez, nous vous en prions, à votre servante qui se consacre à votre service, sous la conduite du même Saint Benoît, une constante persévérance, et une parfaite victoire jusqu'à la fin. Par Jésus-Christ notre Seigneur.

L'officiant aspergera le voile, et l'encensera. La novice s'approchera de la révérende mère, qui en lui mettant le voile, après avoir ôté le blanc, dira :

Accipe velum sacrum, quo cognoscaris mundum contempsisse, toto cordis annexu, sponsam perpetualiter subdidisse, qui te ab omni malo defendat, et ad vitam perducat æternam. Amen.

Recevez le voile sacré qui vous distingue pour avoir quitté le monde, et vous être consacrée à Jésus-Christ avec sincérité, humilité, dans toute l'étendue des affections de votre cœur, afin qu'il vous préserve de tous les maux, et vous conduise à la vie éternelle.

Tandis que l'on voilera la professe, la première sacristine présentera à l'officiant le plat de la bague et de la médaille, pour les faire bénir.

Bénédiction de la bague.

OREMUS.

Creator et conservator humani generis, dator gratiæ spiritualis et largitor humanæ salutis, tu Domine, emitte benedictionem super hunc annulum, ut quæ eum gestaverit cœlesti virtute munita, fidem integram, fidelitatemque sinceram teneat, sicut sponsa

Christi castitatis propositum custodiat, et in ea perpetuò perseveret. Per Christum Dominum nostrum. Amen.

Bénédiction de la médaille.

OREMUS.

Benedic, Domine, hanc imaginem divinissimi tui Sacramenti, ut benedictione tua munita, omnes inimicorum tuorum impetus irritos faciat. Per Christum Dominum nostrum. Amen.

Il les asperge d'eau bénite, et les encense par trois coups.

V. Confirma hoc, Deus, quod operatus es in nobis.

R. A templo sancto tuo quod est in Jerusalem.

V. Dominus vobiscum.

R. Et cum spiritu tuo.

La mère Prieure, en la mettant à la professe, dira :

Accipe, charissima soror, pignus amoris tui sponsi in hac imagine expressum.

En lui mettant la bague, la révérende mère dira :

Recevez, ma chère sœur, ce gage de l'amour de notre Seigneur Jésus-Christ.

Le clergé étant retourné à l'autel, on chantera en ton droit, les litanies de la profession, page 108 ; après lesquelles il récitera cette oraison, pendant que la professe sera sous le drap mortuaire.

OREMUS.

Deus, qui nullam conditionem gratia ducis indignam, sed omnium æqualiter creator es et redemptor ; tu hanc famulam tuam N. quam ex grege tuo, ut bonus pastor eligere dignatus es, ad conservandam perpetuam castitatem, obedientiam, paupertatem, et clausuram, tuæ protectionis scuto circumtege, atque ad omne opus virtutis præpa-

PRIONS.

O Dieu, qui ne regardez point aux conditions pour accorder vos grâces, mais qui êtes également le créateur et le rédempteur de tous, accordez votre protection à votre servante N., que vous avez séparée du monde, afin de lui faire conserver pour toujours la chasteté, vivre dans l'obéissance, la pauvreté et la clôture ; formez son ame à toutes les vertus par l'intercession de la Sainte Vierge Marie, des apôtres Saint Pierre et Saint Paul, de notre bienheureux père Saint Benoît, de Sainte Scolastique et de

ra, per intercessionem beatæ Virginis Mariæ, sancti Michaelis Archangeli, sanctorum apostolorum Petri et Pauli, beati patris nostri Benedicti, sanctæ Scolasticæ, et beatæ N.; in ejus animâ nunquam dominetur peccatum; sit in eâ integra castitas, firma fides, spes certa, caritas sincera; præparato animo superet universa diaboli figmenta, et contemnendo præsentia, futura æterna sectetur. Per Christum Dominum nostrum. Amen.

Sainte N.; que jamais le péché ne domine dans son ame, mais qu'il y règne une pureté parfaite, une foi ferme, une espérance assurée, une charité sincère; que son cœur soit toujours préparé par la mortification pour repousser toutes les tromperies du démon, et que, méprisant les choses présentes, elle ne s'occupe que des futures, qui sont éternelles. Par notre Seigneur Jésus-Christ. Ainsi soit-il.

Cette oraison achevée, l'officiant donnera la bénédiction à la nouvelle professe, étant encore prosternée.

L'officiant.

Benedictio Dei Patris omnipotentis †, et Filii, et Spiritûs sancti descendat super te et maneat semper.

*

Le chœur ayant dit Amen, *il s'en retournera à la sacristie, dans le même ordre qu'il est venu à la grille; et en même temps la révérende mère et les sœurs se rangeront à leur place ordinaire, et la célérière ira à la tête de la novice professe dire ces paroles :*

Surge quæ dormis, et exurge à mortuis, et illuminabit te Christus.	Éveillez-vous et levez-vous d'entre les morts, et Jésus-Christ sera votre lumière.

Elle se lève, et joignant les mains sous son scapulaire, fait une profonde inclination devant la grille, et va recevoir le baiser de paix de la révérende mère, qui la relève en lui faisant baiser son anneau.

La novice dit :

Madame, priez pour moi, s'il vous plaît.

La révérende mère répond :

Ma sœur, je vous reçois; que la paix du Seigneur soit toujours avec vous.

Elle répond :

Ainsi soit-il.

Étant ainsi conduite, elle ira saluer et recevoir le baiser de paix de toutes les sœurs; se mettant à genoux, elle dira à chacune :

Ma mère; *et aux sœurs* : Ma sœur, priez pour moi.

Elles répondront :

Que la paix du Seigneur soit toujours avec nous.

Pendant cette cérémonie les chantres disent : Ecce quam bonum, *et d'un ton de Pseaume de chœur à chœur, répétant* Ecce quam bonum, *à chaque verset.*

Sa maîtresse la conduira à la place ordinaire.

On finit les offices et on ferme la grille.

La dépositaire et la secrétaire iront demander à la révérende mère la lettre de profession qu'elle a prise sur l'autel de la sainte Vierge, afin qu'elle soit gardée, ou inscrite aux archives, et présentera à la nouvelle professe le livre des professions pour y signer : le célébrant, ses parens et principaux assistans, y signeront aussi.

Fin de la Cérémonie.

Prière filiale a S. Benoît.

O pater et dux tot animarum, Sancte Benedicte, solatium earum ad te toto corde clamantium, protectioni tuæ humiliter me commendo, ut ab omnibus quæ contraria sunt animæ meæ defendere me digneris, atque impetres mihi à Deo veram de peccatis meis contritionem et purgationem. Secundum cor et voluntatem Dei à juventute tuâ in omnibus agebas : te oro, benignissime pater, te supplico ut memor mei apud Deum ab eo impetres, ut peccatis meis indulgeat, meque in bono conservet, nec à se

O père et modèle de tant d'ames religieuses, Saint Benoît, qui faites leur consolation quand elles s'adressent à vous de tout cœur; je me mets humblement sous votre protection, vous suppliant de me préserver des dangers que je pourrois courir pour le salut de mon ame; de m'obtenir de Dieu une vraie contrition, et un entier pardon de mes péchés. Dès votre jeunesse, vous vous conduisiez en tout selon le cœur et la volonté de Dieu : demandez-lui donc, je vous en supplie, ô mon bon père, qu'il me pardonne, qu'il me soutienne dans la vertu, qu'il ne permette jamais que je sois séparée de lui, mais que j'aie le bonheur de le voir avec vous pendant l'éternité; par les mérites de Jésus-Christ mon Seigneur et mon Dieu, qui

discedere permittat, sed ad videndam ejus gloriam me tecum admittat, præstante Deo ac Domino Jesu-Christo, qui vivit et regnat in sæcula sæculorum.

vit et règne dans tous les siècles des siècles.

Quæsumus, omnipotens Deus, ut intercessione beatissimi patris nostri Benedicti, et ejus discipulorum Placidi et Mauri, ejusque sororis virginis Scolasticæ, Sanctorumque omnium qui eo duce tibi servierunt, renoves in nobis Spiritum tuum, quo spirante, contra mundum, carnem, et diabolum viriliter decertemus; et quia sine labore non est palma, da nobis in adversis patientiam, in tentationibus, in periculis juvamen;

Dieu tout-puissant, nous vous supplions, par l'intercession de notre bienheureux père Saint Benoît, de ses disciples Saint Placide et Saint Maur, de sa sœur la sainte vierge Scolastique, et de tous les Saints qui vous ont servi, sous notre règle, de renouveler en nous votre Esprit, qui nous fasse combattre constamment contre le démon, la chair et le monde. Comme on ne peut obtenir la palme sans combat, donnez-nous dans nos peines la patience, dans notre obéissance les succès vers la perfection, une pureté parfaite, un vrai amour de la pauvreté, une constance inébranlable dans nos bonnes résolutions,

da puritatis integritatem, paupertatis desiderium, obedientiæ fructum, observantiæ fidele propositum, ut à te roboratæ, et caritate fraterna devinctæ, serviamus humero uno, et per hæc temporalia ad æterna, cum Sanctis nostris pervenire mereamur. Per Christum Dominum nostrum.

afin que liées par la charité fraternelle, nous vous servions toutes d'un seul cœur, et ne faisant que passer par les choses temporelles, nous arrivions aux éternelles avec nos saints patrons, par Jésus-Christ notre Seigneur.

Au premier chapitre, la communauté assemblée, la sœur qui aura été reçue à la profession, rendra à la communauté ses réconnoissances en cette manière. Après que toutes les sœurs professes du chœur auront fait les cérémonies d'usage, elle viendra, les mains jointes sous son scapulaire, se mettra à genoux devant la révérende mère Prieure, et lui dira à voix haute :

« Ma révérende mère, je vous remercie » très-humblement, et toute votre communauté, de l'honneur qu'il vous a plu me » faire de me recevoir au saint état de la » profession religieuse. J'espère, avec la grâce

» de Dieu, de m'acquitter si bien de mon » devoir, que vous, ma révérende mère, » et toute la communauté, en serez con- » tentes ».

La révérende mère fera, en peu de paroles, une exhortation sur la persévérance : la nouvelle professe (si elle est du chœur de même), étant à genoux et joignant ses mains, en présence de toutes les sœurs, fera le serment de fidélité à la révérende mère et à la communauté. Après cela elle se prosternera devant la révérende mère ; elle saluera du côté droit, ensuite du côté gauche.

On a dû faire les remercîmens à la vêture, à peu près de même pour les cérémonies, dès le lendemain où la révérende mère exhorte à l'obéissance, etc., et fait connoître à la novice les devoirs et avantages du saint état auquel elle se dispose.

DE QUELLE MANIÈRE ON DOIT RECEVOIR LES RICHES OU LES PAUVRES.

On n'aura point égard si les personnes qui se présentent sont riches ou non; les sœurs doivent être dans la disposition de recevoir les sujets pour la gloire de Dieu et le salut de leurs ames; elles prendront garde de ne pas renverser l'ordre, en considérant le temporel avant le spirituel dans cette réception.

Si quelques personnes (n'ayant pas la force d'être religieuses), souhaitoient néanmoins quitter le monde et se retirer dans ce monastère comme bienfaitrices ou autrement, elles ne seront pas assujetties à toutes les règles des religieuses. Elles seront dispensées de tous les jeûnes de règle, de l'assiduité à l'office divin, ne diront que le petit office de la Sainte Vierge; mais elles seront plus spécialement chargées de surveiller les enfans, et de leur donner tous les soins dont elles seront jugées capables par la supérieure.

S'il étoit nécessaire d'éprouver les esprits qui demandent à mener une vie austère, pour connoître si le mouvement qui les porte à demander l'entrée du monastère vient de Dieu, combien il est essentiel d'examiner l'esprit, les intentions, le caractère de celles qui seront chargées et dévouées spécialement aux enfans, combien il importe de n'en recevoir que de bonne santé, ayant quelques talens, enfin, douées de qualités physiques et morales; on suivra, à cet égard, ce qu'enseignent nos réglemens et statuts, en s'informant, avant leur admission, s'il n'y a rien dans leur vie ou dans leur famille qui doive empêcher leur entrée.

Après leur avoir lu, et même fait apprendre les réglemens et usages analogues à l'éducation, si elles montrent de l'intelligence et de l'assiduité à s'en bien acquitter, on pourra après six mois d'épreuves, les recevoir en chapitre en qualité de novices; et un an et un jour écoulés, elles pourront être admises au nombre des associées ainsi qu'il suit.

La maîtresse du chœur et des cérémonies demandera huit jours avant, aux maîtresses de classes, le nombre de demoiselles qui lui est nécessaire pour la cérémonie. La sacristine aura soin de passer au dehors un cierge d'une livre pour celle qui doit prendre le petit habit, et tous les ornemens nécessaires pour la cérémonie; elle préparera dans l'intérieur des cierges pour la communauté, deux corbeilles; dans l'une seront les habits, et dans l'autre le voile blanc, etc. Elle placera deux siéges proche la grille, l'un du côté de l'épître pour la S. P, et l'autre du côté de l'Evangile pour l'assistante; et au milieu un autre siége et un prie-dieu pour la préten-

dante, à l'heure marquée pour la cérémonie; soit le matin ou l'après-midi. Si cette cérémonie se faisoit un dimanche, on diroit la messe de communauté à sept heures, après l'aspersion de l'eau bénite.

Toutes les demoiselles entreront les premières processionnellement, les plus anciennes religieuses suivront, et celle qui doit prendre le petit habit sera à la tête. Après avoir salué le Très-Saint Sacrement, et chacune étant à genoux, le célébrant entonnera le Veni Creator, *que l'orgue poursuivra alternativement.*

Veni, Creator Spiritus, Mentes tuorum visita: Imple supernâ gratiâ Quæ tu creasti pectora.	Venez, divin Créateur, Esprit saint, visitez les ames de ceux qui sont à vous; et remplissez de votre grâce les cœurs que vous avez créés.
Qui Paracletus diceris, Donum Dei altissimi, Fons vivus, ignis, caritas, Et spiritalis unctio.	C'est vous qui dans les saintes Ecritures êtes appelé le consolateur, le don du Très-Haut, la source d'eau-vive, le feu sacré, la charité même, et l'onction spirituelle.
Tu septiformis munere,	C'est vous qui nous sanctifiez par les sept dons de

Dextræ Dei tu digitus,
Tu rite promissum Patris,
Sermone ditans guttura.

votre grâce, et qui êtes le doigt dont Dieu écrit sa loi dans nos cœurs; c'est vous que le Père a promis à son église; c'est vous enfin qui êtes descendu sur les apôtres, et qui les avez rendus si éloquens.

Accende lumen sensibus,
Infunde amorem cordibus,
Infirma nostri corporis
Virtute firmans perpeti.

Eclairez nos esprits de votre lumière, embrasez nos cœurs de votre amour; et fortifiez notre chair foible, par une vertu que rien ne puisse jamais ébranler.

Hostem repellas longius,
Pacemque dones protinus,
Ductore, sic te prævio,
Vitemus omne noxium.

Repoussez loin de nous notre ennemi; faites-nous goûter votre paix, et soyez notre guide; afin que sous votre conduite nous évitions tout ce qui peut nous nuire.

Per te sciamus da Patrem,
Noscamus atque Filium,
Te utriusque Spiritum

Donnez-nous une foi vive, qui nous fasse croire jusqu'à la mort un Dieu en trois personnes, le Père, le Fils, et vous qui êtes l'Esprit procédant du Père et du Fils.

Credamus omni tempore.	
Gloria Patri Domino,	Gloire au Père le souverain Seigneur de l'Univers,
Natoque qui à mortuis	au Fils qui est ressuscité d'entre les morts, et au Saint-
Surrexit, ac Paracleto,	Esprit notre consolateur, pendant toute l'éternité.
In sæculorum sæcula. Amen.	Ainsi soit-il.

Deux demoiselles, au milieu du chœur, chanteront les versets, et l'officiant dira les ordisons; de suite se fera l'exhortation. Si c'est un évêque qui fait la cérémonie, on se mettra à genoux, lorsque le prédicateur demandera la bénédiction de monseigneur. Après l'exhortation, la prétendante se mettra à genoux devant la grille, et le célébrant venant à la grille dit :

Ma fille, que demandez-vous?

La prétendante.

Je vous supplie de m'accorder la grâce que j'ai demandée au Seigneur de pouvoir habiter en cette maison tous les jours de ma vie, *pour me* dévouer à l'éducation des enfans.

L'officiant ajoute :

Vous devez savoir que pour être reçue dans cette association, il faut être dans la résolution de renoncer au monde, à vous-même, de porter tous les jours votre croix à la suite de Jésus-Christ, et de consacrer toute votre vie à l'éducation chrétienne des jeunes personnes sous les loix de l'obéissance : Etes-vous dans la volonté d'accomplir ces devoirs?

La prétendante.

Me confiant en la miséricorde de Dieu et aux mérites de Jésus-Christ, mon Sauveur, j'espère pouvoir m'en acquitter, et je continue à faire très-humblement la même demande.

L'officiant.

Que notre Seigneur Jésus-Christ, qui vous a inspiré ces bons sentimens, vous donne la force de les soutenir, et que sa grâce achève en vous l'ouvrage que sa miséricorde y a commencé.

Alors l'officiant se lève pour dire l'oraison :

Domine Jesu Christe, sine quo nihil possumus facere, da huic famulæ hoc et semper velle, quod te inspirante intendit, et illud ipsum te adjuvante perficere. Qui vivis et regnas in sæcula sæculorum. Amen.

Après cette oraison, la maîtresse des novices conduit la prétendante dans l'avant-chœur : pendant ce temps, le célébrant bénit les habits, récitant :

V. Adjutorium nostrum in nomine Domini.
R. Qui fecit cœlum et terram.
V. Domine, exaudi orationem meam.
R. Et clamor meus ad te veniat.
V. Dominus vobiscum.
R. Et cum spiritu tuo.

OREMUS.

Adesto, Domine, supplicationibus nostris, et hoc genus vestimentorum quod famula tua in perpetuæ servitutis signum quam tibi profitetur exposcit, bene † dic et sanctifica, dumque illo exterius tegetur, meliore interius ornetur, et quam sacris indui vestibus desideras, beatâ facias immortalitate vestiri. Per Christum Dominum, etc.

Après cette bénédiction, la Sacristine apportera dans l'avant-chœur les corbeilles. Le chœur se tourne en face, et les chantres entonnent : Exuat te Dominus veterem hominem cum actibus suis, *pendant lequel les deux demoiselles chargées de distribuer les cierges entrent, et après la salutation d'usage, commençant par la S. P. et l'assistante, le chœur entonne le pseaume* 15.

PSEAUME 15.

Conserva me, Domine, quoniam speravi in te.

Conservez-moi, Seigneur, puisque j'ai toujours espéré en vous.

Dixi Domino : Deus meus es tu, quoniam bonorum meorum non eges.

Je l'ai dit souvent au Seigneur : vous êtes mon Dieu, et vous n'avez aucun besoin de mes biens.

Sanctis qui sunt in terra ejus, mirificavit omnes voluntates meas in eis.

Mais il m'a inspiré un amour surprenant envers ses serviteurs sur la terre.

Multiplicatæ sunt infirmitates eorum; postea acceleraverunt.

Les ayant vus accablés du nombre de leurs infirmités, je n'ai rien omis pour les soulager, afin qu'ils pussent aller à lui avec plus de promptitude.

Non congregabo conventicula eorum de sanguinibus : nec memor ero nominum eorum per labia mea.

Pour les pécheurs, qui s'unissent afin de pouvoir répandre le sang, je n'ai jamais autorisé leurs complots, ni fait honneur à leurs noms dans mes discours.

Dominus pars hereditatis meæ et calicis mei; tu es qui restitues hereditatem meam mihi.

Le Seigneur fut toujours mon héritage; et cet héritage, ô mon Dieu! vous me le conserverez à jamais.

Funes ceciderunt mihi in præclaris; etenim hereditas mea præclara est mihi.

Je suis bien échu dans mon partage; mon héritage est charmant.

Benedicam Domino qui tribuit mihi intellectum : insuper et usque ad noctem increpuerunt me renes mei.

Je bénirai le Seigneur de m'avoir donné assez d'intelligence pour faire un choix si heureux : toujours, jusqu'à cette nuit de ma mort, j'ai été excité par les mouvemens de mon cœur à lui en rendre des actions de grâces.

Providebam Dominum in conspectu meo semper; quoniam à dextris est mihi, ne commovear.

J'ai toujours eu le Seigneur devant les yeux, persuadé qu'il étoit sans cesse à ma droite pour me soutenir.

Propter hoc lætatum est cor meum, et exultavit lingua mea : insuper et caro mea requiescet in spe.

C'est ce qui m'a rempli le cœur de joie, ce qui m'a fait chanter vos louanges avec tant de plaisir, et ce qui me fait encore regarder la mort comme un paisible sommeil, en attendant le moment de ma résurrection.

Quoniam non derelinques animam meam in inferno, nec dabis sanctum tuum videre corruptionem.

Car vous ne me laisserez pas long-temps dans le tombeau, et vous préserverez votre serviteur de la corruption.

Notas mihi fecisti vias vitæ; adimplebis me lætitiâ cum vultu tuo; delectationes in dextera tua usque in finem.

Bientôt vous me ferez revoir le chemin de la vie; la joie de vous voir tel que vous êtes, passera alors jusque sur mon corps; placé enfin à votre droite, je goûterai pendant toute l'éternité des délices toujours nouvelles.

Et le pseaume 83, Quam dilecta, page 43.

Lorsque la postulante est habillée, elle rentre dans le chœur, accompagnée de la maîtresse des novices qui est à sa droite; et après une profonde inclination devant le saint Sacrement, elle la présente à la supérieure qui lui met le voile blanc sur la tête, et elle dit :

Accipe hoc velum à Domino benedictum in signum humilitatis, obedientiæ et inviolabilis pudoris, in nomine Patris et Filii et Spiritûs sancti.

Le célébrant passe le cierge en disant :

Accendat in te Dominus ignem sui amoris, et usque in diem adventûs sponsi foveat in corde tuo et in manibus tuis flammam suæ charitatis, in nomine Patris, et Filii, et Spiritûs sancti.

La postulante, en recevant le cierge de la main droite, le baise. Ayant fait une profonde inclination devant le Saint-Sacrement, accompagnée de la supérieure et de la maîtresse des novices, elles se mettent à genoux au milieu du chœur, et le célébrant donne sa bénédiction en disant : Ostende, etc. page 34.

Après la bénédiction, on se rend en procession et en bon ordre, en chantant le pseaume 33, Benedicam Dominum, *et en entrant :* Ecce quam bonum *à la salle de communauté, pour donner le baiser de paix, après lequel la supérieure fait une courte* *exhortation, et reçoit les remerciemens de la novice; on chante l'*Ave Maris Stella, *et chacune se retire en bon ordre à l'exercice qui suit. S'il y avoit quelque princesse à la cérémonie, on la placeroit du côté qui lui seroit le plus honorable, et si le baiser de paix se faisoit au chœur, après la supérieure, elle iroit la saluer avant la communauté; si elles sont deux, elles iront ensemble saluer la princesse, et se partageront pour recevoir le baiser de paix de la communauté.*

PSEAUME 33.

Benedicam Dominum in omni tempore : * semper laus ejus in ore meo.	Je bénirai le Seigneur en tout temps, sa louange sera toujours dans ma bouche.
In Domino laudabitur anima mea : * audiant mansueti, et lætentur.	Mon ame se glorifiera dans le Seigneur : que ceux qui sont doux écoutent et se réjouissent.
Magnificate Dominum mecum : * et exaltemus nomen ejus in idipsum.	Célébrez avec moi la magnificence du Seigneur : et joignons-nous ensemble pour glorifier son saint nom.
Exquisivi Dominum, et exaudivit	J'ai cherché le Seigneur, et il m'a exaucé : et il m'a

me : * et ex omnibus tribulationibus meis eripuit me.

délivré de toutes mes afflictions.

Accedite ad eum, et illuminamini : * et facies vestræ non confundentur.

Approchez-vous de lui, et soyez éclairés : et vos visages ne rougiront point.

Iste pauper clamavit, et Dominus exaudivit eum : * et de omnibus tribulationibus ejus salvavit eum.

Ce pauvre a crié, et le Seigneur l'a entendu : et il l'a tiré de toutes ses peines.

Immittet Angelus Domini in circuitu timentium eum : * et eripiet eos.

L'Ange du Seigneur enverra son secours à l'entour de ceux qui le craignent, et il les délivrera.

Gustate, et videte quoniam suavis est Dominus : * beatus vir qui sperat in eo.

Goûtez et voyez que le Seigneur est doux : heureux l'homme qui espère en lui.

Timete Dominum omnes Sancti ejus : * quoniam non est inopia timentibus eum.

Craignez le Seigneur, vous tous qui êtes des Saints ; car rien ne manque à ceux qui le craignent.

Ecce quam bonum, page 33.

Obligations des Oblates.

Elles sont engagées à la Congrégation par un contrat par lequel elles se dévouent avec tout ce qu'elles ont au monastère et à l'obéissance ; elles ont part aux priviléges de la Congrégation d'une manière proportionnée à leur condition et état ; elles doivent se confesser au moins tous les mois, et conformément les fêtes principales. Si elles savent lire, elles doivent dire l'office de la sainte Vierge ; chaque mois l'office des morts. Dans la semaine une fois les sept Pseaumes de la Pénitence avec les Litanies des Saints. Celles qui suivroient, avec la permission de la révérende mère, l'office canonial du grand bréviaire seroient dispensées de ce qui est au-dessus. Si elles ne savent pas lire, elles diront tous les jours le grand rosaire.

Obligations des sœurs données.

Elles feront profession d'obéissance à la supérieure, de fidélité au monastère, et seront vêtues d'un habit plus court en dessous, et porteront un manteau de même couleur.

Elles diront le rosaire divisé dans la semaine en dizaine, et chaque jour pour Matines, dix *Pater* et dix *Ave*; pour Vêpres sept, et chaque heure, cinq *Pater* et cinq *Ave*.

Elles seront dispensées du maigre de la communauté, excepté l'Avent, le Carême et tous les mercredis.

Obligations des Tourrières.

Elles font corps avec la communauté, jouissent de tous ses priviléges et participent à tous les biens spirituels et temporels, le temps qu'elles y demeurent. On doit pourvoir à toutes leurs nécessités, et après leur mort faire les mêmes prières que pour les autres religieuses.

Après l'année de probation, on les reçoit au chapitre, du consentement de la supérieure et de la communauté, on leur donne le manteau en signe de réception et de stabilité, après quoi on les reçoit au baiser de paix.

Il ne leur est pas permis de demander leur changement d'une maison en une autre; et pendant qu'elles demeurent dans le monastère, elles sont tenues de garder la pauvreté, la chasteté et l'obéissance; de réciter, pour les Matines, trente-trois *Pater noster*, et autant d'*Ave Maria*. Pour Prime, Tierce, Sexte None et Complies, sept *Pater* et sept *Ave*, et pour Vêpres douze.

CHAPITRE DE LA PROFESSION OU OBLATION DES DAMES ASSOCIÉES OU AGRÉGÉES.

Elles se feront toujours le matin, à moins qu'il n'y ait des raisons très-particulières pour les remettre à l'après-midi. La maîtresse du chœur exercera huit jours avant les demoiselles pour les fonctions qui leur seront données dans le cours de la cérémonie. Il y en aura deux pour distribuer les cierges et les reprendre; deux pour tenir celui de la supérieure et celui de la novice. La sacristine passera les corbeilles des habits, et le plat où sera la médaille ou croix; elle préparera deux siéges, l'un du côté de l'Epître pour la supérieure, et l'autre du côté de l'Evangile pour l'assistante, et un prie-dieu pour la novice. Ce jour-là, on avancera les Petites Heures. A neuf heures précises doit commencer la cérémonie. L'on n'ouvrira le rideau que lorsque toute la communauté sera placée; et, dès ce moment, personne ne pourra sortir de son rang pour éviter toute confusion.

Après le Veni Creator, page 144, *et oraison du Saint-Esprit et du Saint-Sacrement, le chœur se lève et ne s'assied qu'après avoir salué le prédicateur. A la fin de l'exhortation, le chœur s'incline pour recevoir la bénédiction, et on se met à genoux pour la recevoir de l'évêque. Dès que l'exhortation est finie, la demoiselle nommée pour porter le cierge, le prend de la main de la novice, laquelle se met à genoux pour répondre aux demandes du célébrant qui, étant assis au milieu de la grille, dit :*

Ma fille, que demandez-vous ?

R. *Monseigneur ou Monsieur,*

Je demande, de tout mon cœur, avec humilité, d'être admise en ce monastère pour y honorer et adorer Jésus-Christ, immolé sur nos autels pour notre amour en esprit de réparation, et pour m'employer, selon la sainte obéissance, à l'éducation des demoiselles de cette maison.

L'officiant.

Nous avons tout lieu de croire, par la manière dont vous vous êtes conduite jusqu'à présent, que vous comprenez parfaitement les obligations de l'état que vous voulez embrasser; cependant, comme les promesses que vous désirez faire à Dieu sont très-importantes, il faut qu'avant d'engager votre liberté, vous considériez avec attention la grandeur de l'action que vous allez faire, et que ce qui n'est que de conseil pour les chrétiens, va devenir des préceptes pour vous; c'est à Dieu, et non pas aux hommes, que vous allez promettre. Perséverez-vous dans la volonté que vous venez de témoigner?

La prétendante.

Par la confiance que j'ai en la bonté de Jésus-Christ, mon Sauveur, et en la puissance de sa grâce, j'espère m'acquitter fidèlement des engagemens que je désire contracter.

Le célébrant.

Et moi, je prie Dieu instamment que pour achever en vous l'œuvre qu'il a si bien commencée, il vous donne la force de le servir dignement, et d'accorder à votre fidélité et persévérance la vie éternelle.

Alors il lui présente le cierge en disant :

Accipe lampadem ardentem ut sis Virgo sapiens et exeas obviam sponso domino, in nomine Patris et Filii et Spiritûs sancti.	Recevez ce cierge signe de la lumière spirituelle, afin qu'admise au nombre des Vierges sages, vous méritiez d'arriver à la céleste patrie.

*Elle retourne à son prie-dieu et la messe commence. Si c'est une messe basse, on chante un motet à l'élévation. A l'*Agnus Dei *les chantres entonnent :*

Prudentes Virgines, aptate vestras lampades; ecce sponsus venit, exite obviam ei.	Vierges sages, préparez vos lampes et allez au-devant du Seigneur.

La novice se lève et se met à genoux à la grille; la demoiselle destinée pour prendre son cierge, se lève en même temps, et reste à genoux à quelques pas au-dessous. Le célébrant étant arrivé à la grille, après *l'*Agnus Dei *et* Domine non sum dignus, *la novice prononce ce qui suit :*

Au nom du Père, et du Fils et du Saint-Esprit.

En présence de notre Seigneur Jésus-Christ au très-saint Sacrement, sous la protection de la très-sainte Vierge, de la sainte famille de Jésus, de saint Benoît, de tous les saints et saintes de l'ordre, et de ceux dont les reliques sont ici présentes, malgré mon indignité, m'appuyant sur la bonté et miséricorde de Dieu, je m'offre, dédie à l'adoration et à l'obéissance pour m'employer selon la règle de saint Benoît, les statuts et réglemens de ce monastère, à élever et instruire les jeunes demoiselles dans la crainte de Dieu et pour son seul amour, sous l'autorité de monseigneur l'archevêque et de la très-révérende dame et mère prieure tutélaire de ce monastère, et supérieure générale de l'association (*si c'est un prélat qui officie, on ajoute* en présence de monseigneur).

Aussitôt que la novice aura prononcé cette formule, la mère assistante présentera une plume; la novice mettra sa signature, et fera une croix; se recueillant, elle renouvellera intérieurement son oblation, et le célébrant lui donnera la sainte communion en disant :

Quod Deus in te incœpit ipse perficiat, et corpus Domini nostri Jesu Christi custodiat animam tuam in vitam æternam.

Que Dieu perfectionne en vous ce qu'il y a commencé, et que le corps de notre Seigneur Jésus-Christ garde votre, etc.

Pendant la messe, l'orgue joue et l'on chante plusieurs motets.

Après la messe on bénit la médaille.

OREMUS.

Deus qui per signum crucis eripuisti mundum à potestate tenebrarum, benedic, quæsumus, hanc crucem quam famula tua deferre cupit ut sit ei in salutem mentis et corporis, per Christum, etc.

BÉNÉDICTION.

O Dieu! qui par le signe de la croix avez tiré le monde de la puissance des ténèbres, bénissez, nous vous en conjurons, cette croix que votre nouvelle servante désire porter, afin qu'elle contribue au salut de son ame et de son corps; par Jésus-Christ, etc.

Pour

Pour le manteau et le voile.

OREMUS.

Adesto, Domine, supplicationibus nostris, et hoc genus vestimentorum quod famula tua in perpetuæ servitutis signum quam tibi profitetur exposcit, benedic et sanctifica; dumque illo exteriùs tegetur, meliore interiùs ornetur, et quam sacris indui vestibus desideras, beatâ facias immortalitate vestiri; per Christum Dominum, etc.

PRIONS.

Seigneur, exaucez nos prières, bénissez et sanctifiez cette sorte de vêtemens que votre servante demande comme signe de sa consécration à votre service, auquel elle fait profession de s'engager; et tandis qu'elle se couvre extérieurement de ces vêtemens, faites qu'intérieurement elle se renouvelle en perfection, afin qu'après avoir été revêtue des habits religieux qu'elle demande, elle mérite d'être revêtue de l'immortalité bienheureuse; par Jésus-Christ Notre Seigneur.

En donnant la croix.

Accipe crucem Domini, et pone illam quasi signaculum super cor tuum, ut eo munimine tuta sis et in hoc signo vincas. In nomine Patris, et Filii, et Spiritûs Sancti.

Recevez cette croix et mettez-la comme un sceau sur votre cœur, afin qu'elle soit votre bouclier, et que vous triomphiez par ce signe. Au nom du Père, et du Fils, et du Saint-Esprit.

En donnant le manteau.

Accipe pallium sanctimoniæ, ut sit tibi indumentum hoc fortitudo et decor, et gaudeas in die novissimo. In nomine Patris, etc.

Recevez le manteau de la sainteté, afin que ce vêtement soit votre force, votre ornement, et que vous soyez au comble de la joie au dernier jour. Au nom du Père, etc.

En donnant le voile que la révérende mère pose, le célébrant dit:

Impone capiti suo velamen sacrum, ut soli Deo cognita nullum præter eum amatorem admittat. In nomine Patris, et Filii, et Spiritûs Sancti.

Mettez sur sa tête le voile sacré, afin que connue de Dieu seul, elle ne s'attache qu'à lui seul. Au nom du Père, et du Fils, et du Saint-Esprit.

Le célébrant se retire, et les religieuses entonnent.

Mihi autem absit gloriari, nisi in cruce Domini nostri Jesu-Christi per quem mihi mundus crucifixus est, et ego mundo.

Au lieu du pseaume In Convertendo, *on chantera* Laudate Dominum omnes gentes, *en partie. Suit la bénédiction*, page 69.

CÉRÉMONIES DE LA RÉCEPTION DES TOURIÈRES.

Etant devant la grille, le célébrant lui demandera :

Est-ce de bonne volonté et de votre propre mouvement que vous êtes entrée dans ce monastère? Quelles sont vos intentions ?

Elle répondra :

Mon père ou monsieur, je suis entrée ici de mon propre choix, pour me consacrer sous l'obéissance à tout ce que la charité peut exiger de moi dans la profession de tourière.

Le célébrant.

Avez-vous une ferme intention de persévérer, et croyez-vous avoir la force de porter constamment le joug de notre Seigneur pour son seul amour et la crainte de Dieu ?

Elle répond :

Appuyée sur la miséricorde de Dieu et les

prières de la communauté, j'espère pouvoir m'en acquitter.

Le célébrant dira :

Que Dieu perfectionne en vous ce qu'il y a commencé.

Elle répond :

Amen.

Le célébrant.

Exuat te Dominus veterem hominem cum actibus suis.

Elle se levera, fera la révérence au célébrant et au saint Sacrement, et la célérière et la mère maîtresse la conduiront au lieu destiné pour être revêtue de ses nouveaux habits. Aussitôt le chantre commencera le pseaume : In exitu, page 55.

*En rentrant, on chante l'*Ave Maris Stella, page 27. *Elle reçoit la bénédiction de l'officiant, et on se retire.*

POUR SA PROFESSION.

Le chœur étant assemblé, on commencera par le Veni Creator, *les versets et oremus, une petite exhortation, après laquelle le célébrant dira :*

Ma fille, que demandez-vous?

Elle répondra à genoux :

Quoique très-indigne, mon père ou monsieur, je supplie très-humblement d'être admise à la sainte profession.

Le célébrant.

Etes-vous suffisamment instruite de vos devoirs pour prévenir et lever les obstacles qui pourront s'opposer à votre salut? Il vous faut une fermeté, un renoncement, une ferveur, une obéissance toute particulière, et un désintéressement religieux.

Elle répond.

De moi-même je ne puis rien, mais comptant sur les grâces que nous a méritées notre adorable Sauveur, et les prières de la sainte Eglise, je réitère ma demande.

Le célébrant.

Que Dieu vous accorde l'effet de vos demandes.

Elle prononcera son engagement et vœu en ces termes :

Au nom du Père, et du Fils et du Saint-Esprit.

En présence de notre Seigneur Jésus-Christ, du très-saint Sacrement, sous la protection de la très-sainte Vierge, de la sainte famille de Jésus, de saint Benoît, de tous les saints et saintes de l'ordre et de ceux dont les reliques sont ici présentes.

O cieux ! entendez ce que je dis, et vous, terre ! écoutez les paroles de ma bouche. C'est à vous, ô Jésus mon Sauveur ! à qui mon cœur parle, quoique je ne sois que poussière et cendre.

Je N. offre, dédie, consacre mon cœur et mon corps à Dieu Tout-Puissant, pour servir à sa divine majesté en cette association, faisant, en effet, vœu d'obéissance et oblation de ma personne selon la règle de saint Benoît, les statuts et réglemens de ce monastère, dédié sous l'invocation de N. D. de Paix, et fondé pour l'éducation gratuite des jeunes demoiselles, et entre les mains de la révérende mère, etc.

Au nom du Père, et du Fils et du Saint-Esprit.

Elle fera une croix à la suite de la date et de ses noms, et les remettra à la révérende mère; si elle le prononce avant la messe, elle se retirera au lieu qui sera fixé pour y prier paisiblement; elle ira à la sainte Communion la première. Après la messe, on lui donnera un cierge et elle ira, accompagnée de deux religieuses, dans l'avant-chœur; pendant ce temps les chantres entonneront le pseaume 115, Credidi propter, *et l'*Ave Maris Stella, page 27.

La révérende mère dira, en la revêtant des habits bénis, comme ci-dessus avant la sainte messe.

Si cet habit, ma chère fille, vous semble difforme et noir, qu'il soit le sujet de votre perfection intérieure; ne rougissez point d'imiter et de marcher à la suite des Vierges qui suivent notre Seigneur Jésus-Christ.

En lui attachant le chapelet.

Souvenez-vous que l'oraison vous est indispensable, et qu'une seule chose est nécessaire; faites toutes vos actions en Dieu et pour Dieu seul.

Elle rentre accompagnée des deux religieuses, précédée de la croix et de deux acolytes portant des flambeaux. Après avoir adoré le saint Sacrement, salué la sainte Vierge, et chanté Ecce quam bonum, pag. 33, *elle ira près la supérieure, baiser la terre et son anneau, en signe d'un humble dévouement et obéissance. Elle la relevera en disant :*

Ma Sœur, que la paix du Seigneur soit toujours au milieu de nous.

Elle ira ensuite recevoir de chacune le baiser de paix, après lequel étant à genoux au milieu du chœur, la révérende mère dira l'oremus Deus qui per beatissimum, etc., page 66, *et* Gratia Domini Jesu Christi, page 37, Te decet, *et l'on se retirera.*

Elle fera ses remerciemens trois jours après, en sortant de retraite. On aura eu soin de les prévenir que le prélat, ou père spirituel, a le droit de les dispenser de leur vœu d'obéissance, si elles donnoient de grands sujets de mécontentement par un manque de persévérance dans leur bonne conduite. Cela ne doit se faire que dans les règles de la charité chrétienne.

ADMISSION DES ÉLÈVES.

Notre bienheureux père saint Benoît exprime et réitère tellement ses intentions sur le soin particulier que l'on doit prendre des enfans ; il ordonne une telle surveillance qu'on ne peut douter qu'avec le recueillement et l'esprit de solitude qui sont la base de notre sainte règle, il veut encore que cet esprit de zèle et de charité si utile, s'établisse dans ses monastères, que l'on y reçoive les enfans dès l'âge de sept ans pour conserver leur innocence, qu'ils soient de bonne santé et d'un caractère capable de profiter de l'éducation pour la perfection de laquelle il ne sera rien négligé. On les gardera six mois à l'essai, après lesquels, si on les juge capables de suivre les exercices et se perfectionner, on les admettra jusqu'à dix-huit ans. A quinze ans et demi, si quelques-unes touchées de la grâce demandoient à se fixer dans la maison, on les éprouveroit pendant six mois; et le jour de leur seizième année, on leur donneroit le petit habit de postulante, qui consiste en une robe unie un peu traînante, un cordon blanc de la sainte Vierge (à laquelle elles renouvelleront leur consécration), un bonnet rond de linon uni, un voile de même replié, une pélerine de toile ou mousseline forte, et de taffetas noir l'hiver. Si elles avoient déjà passé cinq ans dans le monastère, on leur donneroit une médaille bénite. Si elles sont du ruban noir, ou vert, ou rouge, elles les porteront. Ces rubans étant la distinction des classes de leur degré de science et de mérite, elles ne les quitteront pas, et continueront des exercices utiles et analogues à leur goût, ainsi qu'il est dit ailleurs, afin que celles qui sont destinées à vivre dans le monde, soient en état de se soutenir et se rendre utiles, par leurs talens, à leurs familles.

Les dames de saint Benoît éviteront tout ce qui pourroit contraindre ou persuader ces jeunes personnes de s'engager dans leur maison, laissant absolument à Dieu le soin de leur vocation : si elles désirent retourner dans leurs familles, elles en previendront les parens qui les reprendront, pourvu que ce soit à leur avantage et bien particulier. Celles qui sortiroient avant dix-huit ans, n'auront ni trousseau, ni droits à aucune dot de la maison.

Cérémonie pour la première admission au petit habit de postulante.

Ayant été éprouvée, ainsi qu'il est dit dans le chapitre 54 des réceptions, la jeune personne étant présentée à la révérende mère, toute la communauté présente, après le Veni Sancte, *la révérende lui dira :*

Ma fille, que demandez-vous ?

La postulante.

Ma révérende mère, je vous supplie de m'accorder le petit habit et voile que l'on donne à celles qui n'ont pas l'âge et les qualités nécessaires pour être admises à celui de novice de cette association, dans laquelle je désire me consacrer à Dieu et le servir selon sa sainte volonté, en m'employant à tout ce que l'obéissance me prescrira.

La révérende mère supérieure lui dira ce qu'elle jugera à propos; et si elle continue à l'assurer de sa ferme résolution de ne pas sortir du monastère, elle lui donnera le petit voile blanc. Pendant qu'on l'habillera, on chantera Ave maris Stella. *Se mettant à genoux, tenant un flambeau allumé, elle dira à haute voix :*

O très-adorable Trinité, recevez l'offrande que je vous fais de moi-même, en union de celle que vous fit la glorieuse Vierge Marie, lorsqu'elle s'offrit à vous dans le temple; et par ses mérites, accordez-moi, s'il vous plaît, la grâce de passer mes jours dans cette maison, pour y vivre et mourir dans la pratique de toutes les vertus que vous pouvez demander de moi.

Se retournant vers la révérende mère et toutes les sœurs, elle les remerciera, en se recommandant à leurs prières, afin qu'elle se rende digne du bonheur d'être admise un jour à la sainte profession. La supérieure lui donnera un nom; et, dès ce jour, on l'appellera ma sœur, *comme appartenant au monastère. On continuera à l'exercer et faire suivre les travaux de corps et d'esprit selon sa capacité; elle se rendra aux ordres de la mère maîtresse, qui conviendra avec la révérende mère et les maîtresses de classe, de ceux qui lui seront le plus convenables. Elle sera fidèle aux deux lectures de neuf et deux heures, ainsi qu'au silence règulier; elle se fera remarquer par une grande exactitude, bon maintien et ferveur en toutes ses actions.*

Quelques années après, lorsqu'il s'a-

gira de l'admettre au saint habit de religion, on y procédera comme pour les autres prétendantes, et on la revêtira ce jour-là de l'habit séculier.

Réglement des jeunes personnes qui sont admises au petit habit.

Elles se considéreront comme les petites disciples de Marie, et elles doivent pratiquer les vertus suivantes :

Le détachement de toutes choses pour aimer Dieu seul, et le servir de tout leur cœur; la dévotion à la sainte Vierge, tâchant d'imiter les vertus qu'elle pratiquoit au temple, n'omettant jamais aucun de leurs exercices sans permission, disant tous les jours Vêpres et Complies de la sainte Vierge, et toutes les grandes fêtes et veilles de communion elles diront leur office en commun. Le soir, Matines et Laudes; le matin à six heures et demie, les quatre petits offices. Vêpres et Complies à deux heures moins un quart. Chaque jour un quart-d'heure d'oraison. Les veilles de communion, elles seront exactes à se rend redevant le Saint-Sacrement aux heures qui leur seront indiquées, et passeront égalelement le soir un quart d'heure à la méditation. Elles seront humbles, douces, gaies, aimables, prevenantes; elles auront un maintien grave, les yeux modestement baissés, surtout au parloir. Elles feront à l'Eglise une inclination et génuflexion au lieu de révérence; elles uniront leur obéissance à celles de la sainte Vierge. A l'égard de leurs maîtresses et de toutes celles sous la dépendance desquelles elles seront employées, elles éviteront toute espèce de vivacité, avoueront, avec simplicité, les fautes qui pourront leur échapper, demandant conseil et les moyens de ne pas retomber. Tous les quinze jours, elles demanderont le sujet de leur examen particulier, et la pratique d'une vertu. Elles se leveront à six heures; étant habillées, elles feront leurs prières du matin et les devoirs qui leur seront prescrits, avec toute la fidélité possible; elles déjeûneront en commun, et ne pourront rien faire d'extraordinaire sans permission; elles se coucheront exactement à neuf heures.

Si on les emploie auprès des jeunes demoiselles, elles considéreront combien notre Seigneur a souffert et travaillé pendant sa vie mortelle pour nous mériter les grâces nécessaires, et nous porter à travailler à l'œuvre de notre salut et à celui du prochain ; elles penseront être au milieu de la sainte famille de Jésus, supportant avec douceur et courage les peines qui se rencontrent dans l'éducation, se renonçant continuellement pour remplir, avec plus de succès et d'édification, leur devoir auprès de toutes les élèves pour lesquelles la maison est fondée sans partialité. Qu'il n'y ait jamais que le mérite et l'application aux devoirs qui distinguent, en cette école, de toutes les vertus qui peuvent assurer à chacune un bonheur présent et à venir.

EXTRAIT SUR LES ASSOCIATIONS.

Des devoirs réciproques qui seront rendus aux religieuses décédées dans les monastères de notre association.

La communication des prières entre les fidèles est de telle importance, que l'apôtre Saint Paul, en plusieurs de ses épîtres, y exhortoit les premiers chrétiens. Et l'apôtre Saint Jacques semble y attacher le salut, quand il dit : *Priez les uns pour les autres, afin que vous soyez sauvés*. C'est cette communion des Saints qui fait un des articles de notre foi, et c'est de là qu'est venu ce saint usage des associations, où non-seulement les personnes particulières, mais encore les communautés religieuses s'entraidoient de prières et de bonnes œuvres, afin de procurer le salut des uns des autres par les devoirs d'une mutuelle charité.

Lorsque Dieu aura disposé d'une religieuse, la secrétaire du chapitre enverra un billet aux maisons de l'association, en ces termes :

Cejourd'hui, etc., il a plu à Dieu de retirer à lui notre très-chère mère ou sœur qui est décédée en ce monastère étant munie de ses derniers sacremens, en son âge de
et de profession religieuse.

Nous vous supplions de vous acquitter au plutôt, pour le repos de son ame, des devoirs charitables de notre sainte association, et d'y ajouter une communion avec l'application des indulgences.

Lorsque d'autres communautés enverront un pareil billet, on l'attachera à la porte du chœur, afin que chaque sœur puisse le lire, et s'acquitter, en particulier, du suffrage dû à chacune. Outre ces prières, on dira au premier jour vacant une messe de *Requiem*, qui sera basse ou chantée à la volonté de la révérende mère, comme celle de tous les mois, parce que le saint sacrifice est beaucoup plus efficace que toute autre prière. Au lieu de l'office des morts, on fera seulement pour les personnes associées une communion générale ; les sœurs s'y disposeront par l'humilité, la mortification, afin d'obtenir plus promptement de la bonté de Dieu, la délivrance des peines où l'ame de la personne associée peut être, à cause de ses péchés non expiés.

On dira, après les Complies, le grand répons *Libera me Domine;* et celle qui préside au chœur ajoutera les versets et oraisons *Quæsumus, Domine,* ainsi que les deux derniers versets *Requiem*, etc., auxquels les sœurs feront les répons accoutumés d'un ton modéré. Quant aux recommandations des prières des personnes non associées, chacune fera, en son particulier, des prières convenables, et en commun l'on dira seulement un *De Profundis,* et les versets et *Oremus* d'usage.

On ne peut reconnoître pour associés que ceux ou celles qui ont envoyé leurs noms pour être inscrits sur le registre; quant aux communautés qui voudroient s'associer, il faut une acceptation de la part de la nôtre, et on leur enverra, non pas un billet à chacune, mais un acte signé de la supérieure, qui apposera le cachet de l'association, et la secrétaire signera au bas.

Il n'est pas nécessaire d'être du même institut pour s'associer; St. Benoît veut qu'on invite les étrangers, nous considérant tous comme appelés à la même destination, enrôlés sous les mêmes étendards, combattant pour l'honneur et la gloire du maître commun.

Enfin, pour terminer ce chapitre des associations, quoiqu'elles ne puissent être réciproques de la part des parens et bienfaiteurs qui donnent leurs enfans à la religion par un motif d'amour de Dieu, en acquiesçant aux desseins de sa Providence, en se privant de ce qu'ils ont de plus cher au monde, on leur témoignera que l'on conserve et entretient cette charité, qui doit être gravée dans le cœur des enfans, et ne jamais s'en effacer.

En conséquence, les père, mère, frères, sœurs et autres proches parens de chaque religieuse de cette association, aussitôt quelle aura fait profession, seront rendus participans de toutes les bonnes œuvres, prières et autres actes de vertus qui, par la grâce de Dieu, se feront journellement. Dès qu'on apprendra le décès du père ou de la mère de quelqu'une, on chantera dans l'église du monastère où elle sera, une grand'messe avec la prose. Après qu'on aura récité le *Libera*, le prêtre fera l'*absolution* selon la coutume.

DES FONDATIONS.

On se souviendra qu'il nous est extrêmement recommandé l'exercice de la charité, et de l'exercer avec autant de zèle que de prudence, évitant tout empressement dans les fondations. Ce n'est pas toujours par la multiplicité des maisons que Dieu est le plus glorifié, mais par l'exacte fidélité aux observances. Il faut que les personnes qu'on y destine soient solidement établies dans les vertus religieuses, et qu'elles soient en état de répondre aux intentions des fondateurs, pour le bien-être des villes où elles seront appelées.

Les conditions essentielles pour accepter un nouvel établissement sont, qu'il y ait suffisamment d'ecclésiastiques pour l'utilité spirituelle du monastère, et des personnes capables, par leur conseil, d'aider aux affaires temporelles qui peuvent subvenir; que ceux qui participent à la fondation, fournissent une maison suffisante pour un commencement, avec des meubles convenables; qu'il y ait des jardins, un enclos et un revenu suffisant pour le nombre de personnes indispensables au gouvernement de la maison, et le-bien être des élèves.

Lorsque la fondation aura été demandée par l'évêque du lieu, et les principaux magistrats, il faut que cette demande soit présentée à la supérieure générale qui, avec l'avis du supérieur, examinera si elle doit l'accepter, et peut, sans préjudicier à sa communauté, choisir les personnes nécessaires pour aller travailler à cette bonne œuvre, d'une manière avantageuse pour la plus grande gloire de Dieu. Elle previendra les fondateurs qu'elle n'accepte leurs propositions qu'autant qu'on aura la facilité de suivre les statuts, réglemens et coutumes du premier monastère.

Le tout étant accepté, de part et d'autre, les religieuses étant nommées et choisies, munies du consentement de la supérieure générale, du prélat et autres supérieurs ecclésiastiques, avant que les religieuses sortent du monastère, il seroit utile que les affaires de la fondation fussent tellement affermies, que les religieuses ne soient pas contraintes de s'en revenir, ne trouvant pas les mêmes avantages qu'on leur avoit promis; dans ce cas, il seroit à désirer que le contrat fût passé.

Les monastères d'où seront tirées ces religieuses députées pour en établir d'autres, conserveront une charité mutuelle de secours, et les sœurs envoyées auront toujours une déférence, confiance cordiale, prenant auprès de la mère générale tous les conseils dont elles auront besoin, afin de continuer une union de cœur et d'esprit entre tous les monastères.

C'est à quoi veilleront les prieures de chaque maison par leurs exemples, réunissant tout sous ce même chef, ainsi que le recommande Saint Benoît, ch. 2.

On donne le nom à la supérieure générale, de révérende et très-honorée mère, afin que ces titres lui fassent comprendre l'étendue de sa charge, qu'elle est établie, non-seulement pour présider, mais encore plus pour être utile à ses sœurs (*ch.* 64), et que l'affection doit être réciproque.

Aussitôt qu'il se présentera l'occasion d'une association ou fondation, la supérieure aura recours à Dieu, n'en conférera qu'avec son conseil, et les unes et les autres y mettront une très-grande discrétion, n'en parlant qu'à ceux qui peuvent leur donner des lumières à cet égard.

Le choix des députés pourra se faire, soit par nomination ou par suffrage. Le jour de leur départ, le directeur viendra à la grille où les discrettes étant assemblées, il dira ce qu'il jugera nécessaire; et celle qui sera élue pour conduire les autres, fera la protestation suivante :

Je, sœur N., promets devant la divine Majesté et la Cour céleste, et vous Monsieur, en présence de notre très-honorée mère supérieure, et autres qui sont ici présens, de conserver, au lieu où l'on menvoie, l'obéissance, d'y maintenir et établir nos statuts, règles et cérémonies, sans y changer ni altérer aucune chose. Au nom du Père, du Fils et du Saint-Esprit. Ainsi soit-il.

Chacune de celles qui l'accompagneront, diront l'une après l'autre :

Nous promettons, sœur N., la même chose, et de plus, de nous donner assistance spirituelle et temporelle, demeurant en tout soumise à celle que vous nous donnez pour nous conduire et travailler selon la volonté de Dieu à son œuvre : nous nous recommandons en toute humilité à vos prières, ma révérende mère, et à celles de la communauté. Au nom du Père, etc.

La secrétaire écrira la conclusion et le détail dans le livre des fondations, et si on leur donne quelque argent, ou meubles, elle l'inscrira, et elles donneront leur signature. Si l'on juge nécessaire que la supérieure générale se rende sur les lieux, elle les y accompagnera, ayant mis ordre à toutes choses avant son départ. Elles porteront un crucifix, auront une coiffe sur le visage, ou tel autre voile. Elles feront leurs exercices spirituels, autant qu'elles le pourront, avant d'arriver à leur destination, suivront les intentions du révérendissime prélat du lieu où elles iront descendre, et demanderont sa bénédiction; et aussitôt qu'elles auront pris possession du monastère, le prieront instamment de venir faire la bénédiction de la chapelle, seront exactes à leurs exercices, autant que leur petit nombre le leur permettra; chaque année, à pareil jour, feront une communion générale, et chanteront un *Laudate* en actions de grâces.

L'établissement étant fait, l'on écrira, dans le livre du monastère, en ces termes : *L'an mil*, etc.... *du mois de*..... les sœurs de notre, etc.... du monastère de.... sont arrivées en cette ville, étant appelées par MM..... qui se sont portés pour fondateurs ou fondatrices, ont été reçues par...... La messe a été dite solennellement. M.... N.... a fait l'exhortation. N.... N.... y ont assisté. N. et telle aumône a été distribuée.

L'on recevra des dons et dotations, savoir: 8,000 fr. pour une élève, depuis l'âge de neuf ans jusqu'à dix-huit pour la famille, fondateurs et fondatrices à perpétuité, et de 12,000 fr. pour une jeune dame associée. Lors de la mort ou sortie des unes ou des autres, on en donnera connoissance aux parens ou protecteurs, à la nomination desquels seront ces places.

Les fondatrices et bienfaitrices voudront bien se conformer à nos réglemens, dont on ne pourra, sous aucun prétexte, s'éloigner, même pour la réception des sujets qu'elles présenteront.

La communauté aura pour les bienfaiteurs et fondateurs, tous les égards que la reconnoissance inspire naturellement aux ames vertueuses et sensibles.

EXTRAIT DU CÉRÉMONIAL.

De la manière d'exposer les reliques des Saints.

Si la vue des corps morts cause ordinairement en nous une frayeur naturelle, c'est parce qu'ils remettent devant nos yeux la plus grande de toutes les misères humaines, qui est la privation de la vie. Néanmoins il est certain, selon saint Chrysostôme, que l'aspect des corps saints, quoique réduits en cendres, et séparés en morceaux, non-seulement ne produit point cet effet, mais, au contraire, que leur objet cause de la consolation dans notre ame; qu'il nous excite à imiter leurs vertus, nous anime à suivre leurs exemples, et qu'il réveille en nous la foi du mystère de la résurrection : parce que, comme dit l'apôtre, les Saints ayant été compagnons de Jésus-Christ en la mort, ils le seront aussi dans une résurrection glorieuse. Cette vue relève notre espérance, anime notre courage, et nous enflamme le cœur pour pratiquer les vertus. Enfin, ce n'est pas sans raison, dit saint Ambroise, que l'Eglise nous invite à honorer les corps des Saints, spécialement ceux que nous avons en notre possession, afin que, conversant encore avec eux, nous soyons rendus en ce monde participans de leur sainteté, et qu'un jour nous ayons le bonheur d'être réunis avec eux dans le ciel.

Pour ce sujet, à toutes les grandes fêtes; toutes les fois que le saint Sacrement doit être exposé, et lorsqu'il y aura quelque profession, les châsses où reposent les saintes reliques et les autres reliquaires qui sont gardés en ce monastère, seront exposés sur l'autel, non-seulement pour servir d'ornement, mais aussi afin qu'elles puissent recevoir la vénération qui leur est due, et augmenter la dévotion des personnes qui viennent à l'église.

La sacristine ayant tiré les images, ou les châsses qui les contiennent, elle allumera les cierges; prenant un voile, elle couvrira ses mains pour passer les reliquaires en dehors, et les faire mettre sur l'autel, où le sacristain allumera les cierges. Si le sacristain est prêtre, il mettra son étole; s'il ne l'est pas, il se servira d'un voile pour couvrir ses mains, puis étant précédé de l'acolyte tenant un cierge allumé, il ira chercher les châsses des reliques, afin de les porter avec plus de respect depuis le dépôt jusqu'à l'autel. En les prenant, il pourra réciter quelques hymnes à leurs louanges, ou bien le pseaume 148. *Laudate dominum de Cœlis*.

Toutes les châsses et images, ou figures de ces saints, ayant été portées à l'autel, le sacristain les placera de telle sorte, qu'il n'en mette jamais aucune au-dessus, mais seulement aux deux côtés du lieu où le très-saint Sacrement doit être exposé, ou bien même la croix, afin que toutes les choses soient avec la décence et dans l'ordre qu'elles doivent être.

Outre cette exposition des reliques sur le grand autel, toutes les fois que l'on fera l'office des Saints dont nous avons des reliques, la sacristine ne manquera pas, dès la veille, de parer l'autel du chœur avec des bouquets et des cierges; il y en aura deux qui demeureront toujours allumés durant les offices, depuis qu'elle aura exposé la sainte relique; mais après les offices, en éteignant les cierges, on couvrira les châsses de quelque voile, jusqu'à ce qu'elles aient été remises dans le lieu où elles ont accoutumé d'être conservées.

Translation des reliques.

Lorsque quelques reliques sont apportées, même de Rome, il est nécessaire que la caisse qui les contient, étant scellée, soit ouverte par la permission, ou en présence de M. l'archevêque, qui ensuite donnera son attestation de l'état des reliques, et que les ayant vues, il accorde la permission de les exposer pour être vénérées par les peuples. Néanmoins cette formalité n'est pas nécessaire pour exposer des saintes reliques qui étoient déjà vénérées dans une autre église d'un même diocèse, pourvu que les supérieurs ecclésiastiques du lieu d'où elles sont transportées, donnent une attestation en bonne forme, qui certifie que ces reliques sont d'un tel saint ou de telle sainte, dont le corps repose en leur église.

Bénédiction de la châsse.

Tous les ecclésiastiques revêtus de surplis, etc. précédés de la croix, des chandeliers, et les deux thuriféraires sortiront de la sacristie en procession, et iront au lieu où sont posées les reliques. M. l'archevêque, ou un député de sa part, bénira la nouvelle châsse disant les versets suivans.

℣. Adjutorium nostrum in nomine Domini.

℟. Qui fecit cœlum et terram. ℣. Dominus vobiscum. ℟. Et cum Spiritu tuo.

OREMUS.

Effunde in ecclesiam tuam, Domine, spiritum quo repleti sunt ministri fideles (repletus est minister fidelis) quorum (cujus) reliquias veneramur, ut eodem imbuti, studeamus amare quod amaverunt (amavit) exercere quod (docuit) docuerunt; Per Dominum nostrum, etc.

PRIONS.

Répandez sur votre église, Seigneur, l'esprit dont ces saints ont été les fidèles ministres (ou ce saint), afin qu'étant remplis de ce même esprit, nous nous appliquions à aimer (ce qu'il a) ou ce qu'ils ont aimé, et à pratiquer (ce qu'il a) ou ce qu'ils ont enseigné; par notre Seigneur Jesus-Christ, qui étant Dieu, vit et règne avec vous dans tous les siècles des siècles. Ainsi soit-il.

Après le pseaume 148 et autres, on chantera l'hymne *Christe*.

HYMNE.

Christe Redemptor omnium,
Conserva tuos famulos,
Beatæ semper Virginis
Placatus sanctis precibus.

Vates æterni Judicis,
Apostolique Domini,
Suppliciter exposcimus,
Salvari vestris precibus.

Martyres Dei inclyti,
Confessoresque lucidi,
Vestris orationibus
Nos ferte in cœlestibus.

Chori sanctarum Virginum,
Monachorumque omnium,
Simul cum sanctis omnibus,
Consortes Christi facite.

Gentem auferte perfidam
Credentium de finibus,
Ut Christo laudes debitas
Persolvamus alacriter.

Gloria Patri ingenito
Ejusque Unigenito,
Una cum sancto Spiritu,
In sempiterna sæcula.

Amen.

℣. Lætamini in Domino, et exultate justi;
℟. Et gloriamini, omnes recti corde.

Ant. Gaudent in cœlis animæ sanctorum, qui Christi vestigia sunt secuti : et quia pro ejus amore sæculum spreverunt, ideò cum Christo exultant sine fine.

† Les ames des saints qui ont marché sur les pas de Jésus-Christ, sont comblées de joie dans les cieux; et comme ils ont sacrifié leur vie pour l'amour de Jésus-Christ, ils jouissent avec lui d'un bonheur qui ne finira jamais.

OREMUS.

Propitiare, quæsumus, Domine, nobis famulis tuis † per sanctorum tuorum, quorum hîc habentur reliquiæ, et patrocinia veneramur merita gloriosa, ut eorum piâ intercessione ab omnibus semper protegamur adversis. Per Dominum, etc. Amen.

PRIONS.

Nous vous supplions, Seigneur, de jeter sur nous des regards de bonté et de miséricorde, en considération des mérites de vos saints dont les reliques reposent ici, et dont nous implorons la protection, afin que par leur intercession continuelle nous soyons soutenus contre toutes les adversités auxquelles nous sommes continuellement exposés. Par notre Seigneur Jésus-Christ. Ainsi soit-il.

L'oraison achevée, le célébrant mettra de l'encens dans l'encensoir; puis ayant pris l'asper-

soir, il jettera de l'eau bénite en forme de croix dans la châsse, et il l'encensera de même; après quoi, en présence de toute la communauté, à la grille, ayant ouvert le coffre, ou ancienne châsse qui contient les reliques, le secrétaire, premièrement, lira tout haut l'authèntique avec l'attestation de M. l'archevêque; ensuite, après une génuflexion, l'officiant prendra, avec révérence, les saints ossemens, et les mettra dans la nouvelle châsse; puis ayant fait une autre génuflexion, il la fermera, et en donnera les clefs à la révér. mère, qui fera aussi retirer la châsse ancienne, ou l'étoffe qui envelòppoit les reliques, pour en disposer comme elle jugera à propos.

L'officiant étant devant la châsse, il se mettra à genoux pour prier; puis ayant mis de l'encens dans les deux encensoirs, il encensera la sainte relique avec une profonde inclination devant et après. Les ecclésiastiques, revêtus de leurs ornemens, accompagnés des enfans de chœur, suivront deux à deux, le cierge à la main, la sainte relique portée sur un brancard par deux ecclésiastiques, en chantant des antiennes, ou les pseaumes 148, 149, 150, et des hymnes à l'honneur du saint.

Les sœurs continueront au chœur alternativement avec l'orgue, tandis que le clergé s'avancera vers le grand autel, sur lequel ceux qui portent la châsse la viendront poser avec révérence.

Les pseaumes et hymnes étant achevés, le chantre au chœur entonnera l'antienne du Saint, pendant laquelle l'officiant encensera trois fois la sainte relique, et chantera le verset et l'oraison du Saint.

Si on doit dire la grand'messe, elle sera chantée solennellement comme aux jours de première classe. Le célébrant et ses ministres apporteront la châsse à la grille qui sera entourée de luminaires ; et pendant que la communauté viendra rendre ses vénérations aux saintes reliques, on chantera le *Te Deum laudamus*, alternativement avec l'orgue ; ensuite, pour que les assistans viennent l'honorer, elle sera posée sur une table en dedans, sur le bord de la balustrade en face du tabernacle, pour que toute adoration soit rendue à l'auteur de toute sainteté.

Ex Audientiâ sanctissimi.

Parisiis, die 16a januarii 1805.

Sanctissimis precibus sororis à sancto Hilario ordinis sancti Benedicti, aliarumque Monialium, simul cum ipsâ reparatione injuriarum sanctissimo altaris Sacramento illatarum, idemque educationi juventutis operam dantium, precibus benignè inclinatus earum singulis plenariam indulgentiam concedit lucrandam bis in mense, nec non in solemnitatibus per annum ac in præcipuis festivitatibus beatæ Mariæ Virginis, ac in festis SS. patronorum itemque in anniversariis baptismi, primæ communionis ac religiosæ professionis, dum modò vere pœnitentes et confessæ ac sacra communione refectæ, publicam ecclesiam vel oratorium earum domûs, quatenus ab ordinario fuerit approbatum, devotè visitaverint ac pias inibi ad Deum preces effuderint pro felici statu sanctæ matris ecclesiæ juxta mentem sanctitatis suæ. Eisdem quoque monialibus suisque consanguineis et affinibus usque ad tertium gradum inclusive, aliisque quinquaginta personis ab ipsis designandis, plenariam

Ici est posé le sceau du cachet de sa Sainteté.

Indulgentiam concessit lucrandam in earum respectivo mortis articulo, in formâ ecclesiæ consuetâ et ab apostolicâ sede præscriptâ.

B. Car.

Gratis etiam scriptura.

Joannes Baptista, tituli Sancti Joannis antè Portam Latinam, S. R. E. cardinalis de Belloy, archiepiscopus Parisiensis,

Indultum retrò scriptum à nobis visum executioni mandari permisimus ac permittimus per præsentes.

Datum Parisiis, in Palatio nostro archiepiscopali, sub signo vicarii nostri generalis, sigillo nostro ac secretarii archiepiscopatûs nostri subscriptione, anno Domini millesimo octingentesimo quinto, die verò mensis aprilis decimâ tertiâ.

LEJEAS, Vic. Gén.

De mandato Eminent. et Rev. D. D. Cardinalis Archiepiscopi Parisiensis.

BUÉE.

Les fêtes principales de la sainte Vierge, d'indulgence plénière, sont, l'immaculée Conception, la Nativité, la Présentation, l'Annonciation, la Purification, l'Assomption et Notre-Dame de Paix, 9 juillet.

Formule de l'application de l'Indulgence plénière accordée aux Religieux et Religieuses de l'ordre de Saint-Benoît, pour l'heure de la mort.

Concedo tibi indulgentiam plenariam peccatorum tuorum autoritate mihi commissa et concessa virtute quarumcumque bullarum ordinis nostri, quod si presens mortis periculum (Deo favente) evaseris, sit tibi hæc indulgentia pro vero mortis articulo reservata, in nomine Patris et Filii et Spiritûs sancti. Amen.

Je vous accorde l'indulgence plénière de vos péchés par l'autorité qui m'a été déléguée, et en vertu des bulles de l'ordre qui m'ont été accordées à cet effet; si vous échappez avec la grâce de Dieu au danger de la mort qui vous menace, que cette indulgence vous soit réservée pour le véritable moment de la mort, au nom du Père et du Fils et du Saint-Esprit. Ainsi soit-il.

Nos Joannes Baptista, tituli Sancti Honuphrii, S. R. S. Presbyter Cardinalis Caprara, Archiepiscop. Mediolanensis, SS. DD. nostri Pii Papœ VII, et Sanctœ sedis Apostolicœ, ad Francorum Imperatorem, Italiæ Regem, à Latere Legatus;

De speciali et expressâ apostolicâ authoritate, omnibus et singulis religiosis associationis DD. sancti Benedicti, aliisque religiosis et puellis eidem associationi nomen dantibus, aut educationis gratiâ apud præfatas religiosas commoranti-

Nous Jean-Baptiste Caprara, Cardinal-Prêtre de la Sainte Eglise Romaine, Archevêque de Milan, Légat à Latere *de notre S. Père le Pape Pie VII, auprès de Sa Majesté l'Empereur des Français et Roi d'Italie;*

Accordons, par la miséricorde divine, et de l'autorité apostolique, une indulgence plénière à toutes et à chacune des religieuses de l'association de saint Benoît, et autres religieuses et jeunes personnes qui y sont pour s'engager dans la même association, ou qui y demeurent pour leur éducation, qui, tous les 25 de chaque

bus, quæ quolibet die vigesima quinta cujuslibet mensis excepto dicto die, si in eo incidat vel feria VI in parasceve, vel sabbatum sanctum, sacramentaliter confessæ, ad sanctissimi Eucharistiæ sacramenti susceptionem, in honorem sanctissimi mysterii Nativitatis Domini nostri Jesu-Christi devote accesserint et pro sanctæ matris ecclesiæ exaltatione, ad sanctitatis suæ mentem preces ad Deum effuderint, plenariam indulgentiam de thesauro ecclesiæ toties quoties prædefinito die 25 cujuslibet mensis enuntiata religionis opera impleverint à memoratis personis lucrandam, ad septennium duntaxat mise-

mois, à moins que ce jour-là ne tombe le vendredi ou le samedi de la semaine sainte, après s'être confessées, s'approcheront dévotement du Très-Saint-Sacrement de l'Eucharistie, en l'honneur du très-sacré mystère de la Nativité de notre Seigneur Jésus-Christ, et qu'elles prieront selon l'intention de sa Sainteté pour l'exaltation de notre mère la sainte Eglise.

Nous accordons la présente indulgence plénière du trésor de l'Eglise pour sept ans seulement, et applicable auxdites personnes, toutes les fois que ledit jour 25 de chaque mois, elles auront rempli les œuvres de religion énoncées plus haut. Nous déclarons que le pré-

ricorditer elargimur. Præsens rescriptum favere declaramus superiùs recensitis personis religiosæ domûs præfatæ associationis Parisiis existentis, nec non aliis religiosis seu monialibus ad prædictam domum de superioris licentiâ etiam ad tempus sese recipientibus quandiu in ea domo eas morari contigerit, et charitatis operibus dent operam.

Datum Parisiis, ex ædibus nostræ residentiæ, die 4 januarii 1808.

De expresso mandato eminentissimi Domini,

VINCENTIUS DUCIS, *à secretis in ecclesiâ.*

sent rescrit est en faveur des personnes de la maison religieuse de la susdite association existante à Paris, et des autres religieuses qui seront reçues dans ladite maison pour un temps, du consentement de la supérieure, pendant qu'elles y seront pour s'y livrer à des œuvres de charité.

Donné à Paris, en la maison de notre résidence, le quatre janvier mil huit cent huit.

Du mandement exprès de son éminence,

VINCENT DUCIS, *secrétaire.*

Gratis etiam scriptura.

Reg. 2, 1775.

Nos vicarius-generalis Emi. et Rev. DD. Cardinalis DE BELLOY, Archiepiscopi Parisiensis, visis indulgentiarum litteris apostolicis retro scriptis, eas executioni demandari in diocesi Parisiensi, permisimus ac permittimus per præsentes.

Datum Parisiis sub signo nostro, sigillo præfati Emi. et Rev. DD. Cardinalis Archiepiscopi Parisiensis, ac secretarii Parisiensis Archiepiscopatûs subscriptione, anno Domini millesimo octingentesimo octavo; die autem mensis januarii nona.

DASTROS, V. G.
De mandato,
BUÉE, *secret.*

Nous vicaire-géneral de son Eminence et très-Révérendissime Mgr. le Cardinal DE BELLOY, Archevêque de Paris, ayant vu lesdites lettres apostoliques d'indulgences, avons permis et permettons par ces présentes qu'elles aient leur exécution à Paris.

Donné à Paris, sous le seing-privé de M. DASTROS, vicaire-général, et le sceau de son Eminence Mgr. le Cardinal DE BELLOY, Archevêque de Paris, le contre-seing du secrétaire de l'Archevêché, le 9 janvier 1808.

Signé DASTROS, V. G.
Et plus bas,
BUÉE, *secrétaire.*

★

Extrait du Décret d'autorisation définitive.

MINISTÈRE DES CULTES.

Extrait des minutes de la Secrétairerie d'État.

NAPOLÉON, EMPEREUR DES FRANÇAIS ET ROI D'ITALIE.

Sur le rapport de notre Ministre des Cultes, notre Conseil d'État entendu :

Nous avons décrété, et décrétons ce qui suit :

ARTICLE PREMIER.

L'association religieuse des dames de charité, dites de *Saint-Benoît*, dirigée par madame Dudoyer de Chaulnoix, et à qui nous avons accordé une maison rue du Regard, par notre décret du 25 juin dernier, est définitivement autorisée.

I I.

Les statuts, tels qu'ils sont joints au présent décret ; sont approuvés, et seront inscrits sur les registres de notre Conseil d'État.

I I I.

Les dames de charité, dites de *Saint-Benoît*, sont placées, pour le spirituel, sous la surveillance de l'évêque diocésain, et notre ministre des cultes est chargé de veiller à l'exécution de leurs statuts et à tout ce qui concerne leur organisation.

I V.

Il sera tenu, dans la maison occupée par cette association, un registre où seront inscrits, l'un après l'autre, et de suite, les noms, prénoms de toutes les sœurs composant actuellement l'association, et dont les noms seront transcrits à la suite des statuts; leur âge, les noms et prénoms et domiciles de leurs père et mère, s'ils sont vivans; ou mention de leur décès, s'ils sont décédés. Ce registre sera tenu double; chaque sœur signera l'article qui la concerne avec la supérieure.

V.

Chaque fois qu'une personne sera agrégée à l'association, les engagemens qu'elle prendra seront inscrits sur le même registre, de la même manière et avec les mêmes formalités.

V I.

Il sera tenu, par l'association, un second registre

coté et paraphé de même, où seront inscrits par la supérieure générale, les noms, prénoms, âges, domiciles des pensionnaires, si elle en reçoit, avec les noms, prénoms et domiciles des pères et mères, tuteurs, parens, amis ou correspondans qui auront placé les pensionnaires dans la maison.

VII.

Les sœurs de l'association susdites de Saint-Benoît pourront recevoir, avec notre autorisation, les legs, donations, fondations et constitutions de rente qui leur seront faites.

Extrait des Statuts approuvés définitivement, et des intentions de la fondation.

La fin de cette association est de donner gratuitement l'enseignement à de jeunes demoiselles nées de parens honnêtes, et peu fortunés.

A leur entrée, on exige les extraits de mort de leurs pères et mères, et l'acte de naissance des jeunes personnes, etc.

Ces dames ne reçoivent, au nombre de leurs élèves, que celles qui appartiennent à des personnes d'une probité intacte. On ne les reçoit pas au-dessus de dix ans. Il y a des usages particuliers que l'on donne aux parens, avant leur admission, afin qu'ils s'y conforment.

Ces dames enseignent à leurs élèves, la lecture,

l'écriture, le calcul, l'histoire, la grammaire, la géographie, le dessin, les sciences et ouvrages convenables à une demoiselle bien née.

Les dames de Saint Benoît vivent en commnn, sous l'autorité de l'ordinaire et la conduite d'un supérieur, ou visiteur.

Après celles reçues, ou admises actuellement par madame Dudoyer de Chaulnoix, on continuera à n'admettre, au nombre des dames de Saint Benoît, que des personnes choisies, capables du remplir les intentions de cette fondation.

Il faut pour être admises, être libres sans aucun lien; et si elles sont encore mineures, il faut le consentement de leurs parens, ou de ceux qui les représentent.

Les personnes reçues apportent en entrant de quoi meubler leur chambre, et paient, annuellement, une pension qui est fixée à la réception, à moins que leurs talens ne les mettent en état de dédommager la maison, auquel cas elles peuvent être reçues, moyennant une somme une fois payée pour leur entretien.

La communauté s'oblige alors, envers les personnes qu'elle reçoit, à les nourrir, entretenir, tant en santé qu'en maladie, et à les faire traiter en tout, selon les statuts, auxquels réciproquement les personnes reçues promettent de se conformer, etc.

FIN.

TABLE

DU CÉRÉMONIAL DE L'ASSOCIATION.

FIN DE LA TABLE.

AVANT LE CHANT.

Heureux séjour de la beauté éternelle, que vous êtes désirable aux ames qui détachées des biens périssables de ce monde, ne soupirent qu'après le seul objet digne de leurs affections!

Quel jour d'allégresse pour celles qui entrent en possession du bonheur réservé à vos Elus, ô Dieu, trois fois saint.

C'est dans la céleste Jérusalem où elles goûtent une joie pure sans aucune altération : alors toutes les peines de ce monde cesseront à la vue des splendeurs éternelles; et les doux accords de la musique retentiront ainsi que les cantiques composés à la gloire de votre nom. Oh, que nous serons heureuses! si nous pouvons ouïr le concert de vos divins chantres, et les hymnes dont ils honorent la très-haute et très-adorable Trinité.

Mettons donc notre bonheur à mériter de les chanter nous-mêmes dans la céleste Sion, à la louange de Jésus-Christ notre Sauveur.

PSEAUME CL.

Laudate Dominum in Sanctis ejus, etc.

Qu'il faut louer Dieu par nos chants, par nos désirs, par nos actions et par nos mœurs.

Portez jusques aux cieux votre ardente prière,
Louez le Dieu puissant qui règne au firmament ;
Des astres lumineux il conduit la carrière,
Les œuvres de ses mains seront sans changement.

Il a fait à mes yeux d'innombrables miracles,
Sa force et sa grandeur ne se bornent jamais :
Les hommes sont instruits par ses divins oracles ;
S'ils suivent la justice, ils trouveront la paix.

Louez le Tout-Puissant par le son des trompettes ;
Sur la lyre et la harpe adorez son grand nom :
C'est pour le célébrer que vos ames sont faites,
Il leur a préparé la céleste Sion.

Sur de doux instrumens chantez-lui des cantiques ;
Mêlez-y de vos voix les aimables accords ;
Honorez sa grandeur par des fêtes publiques,
De vos cœurs pleins de zèle exprimez les transports.

Au son de la timbale exaltez sa puissance,
Faites de le servir votre félicité ;
Vous recevrez le don de la persévérance ;
Que tout ce qui respire adore sa bonté.

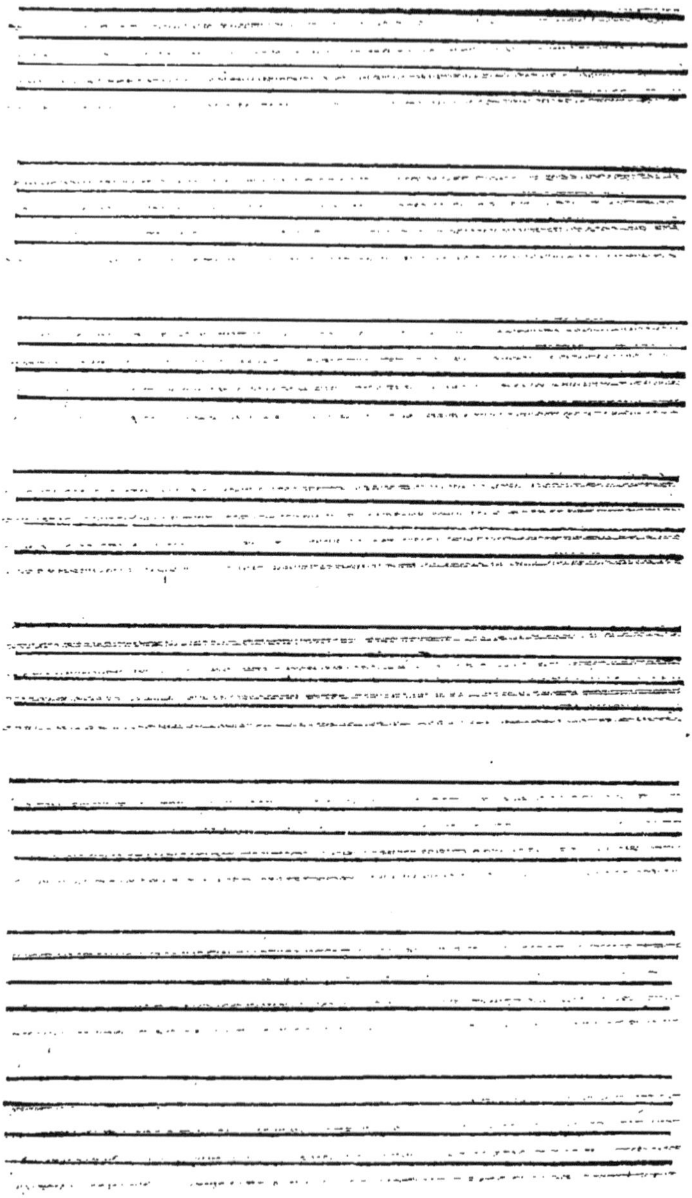

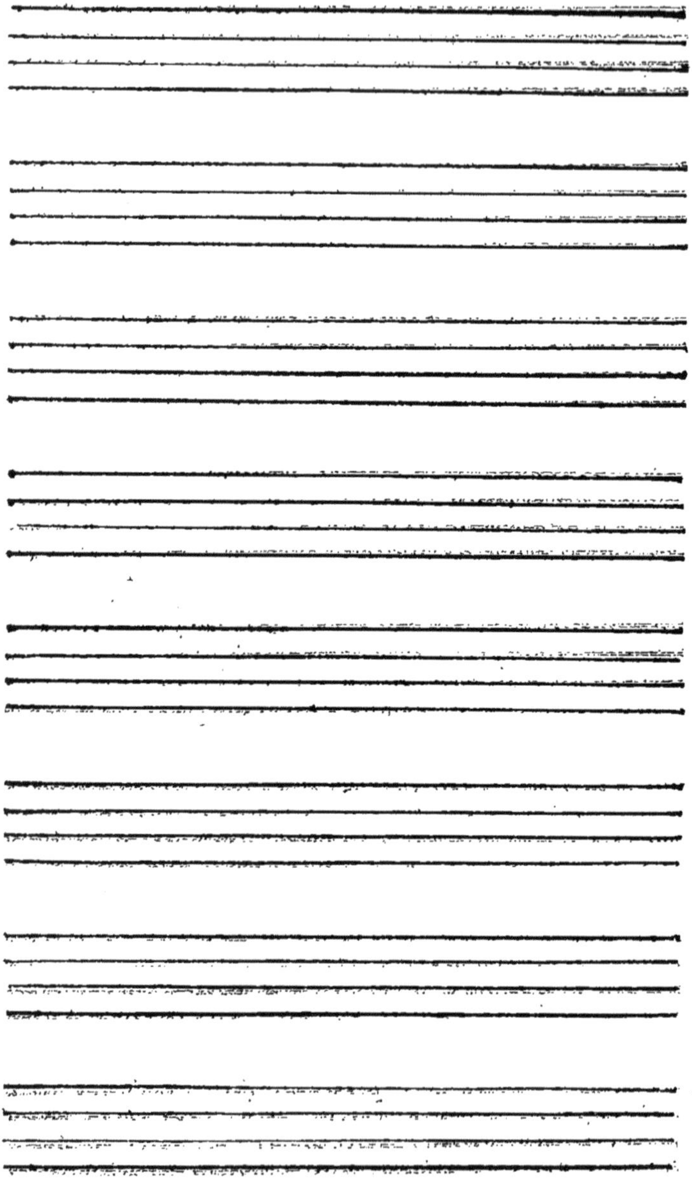

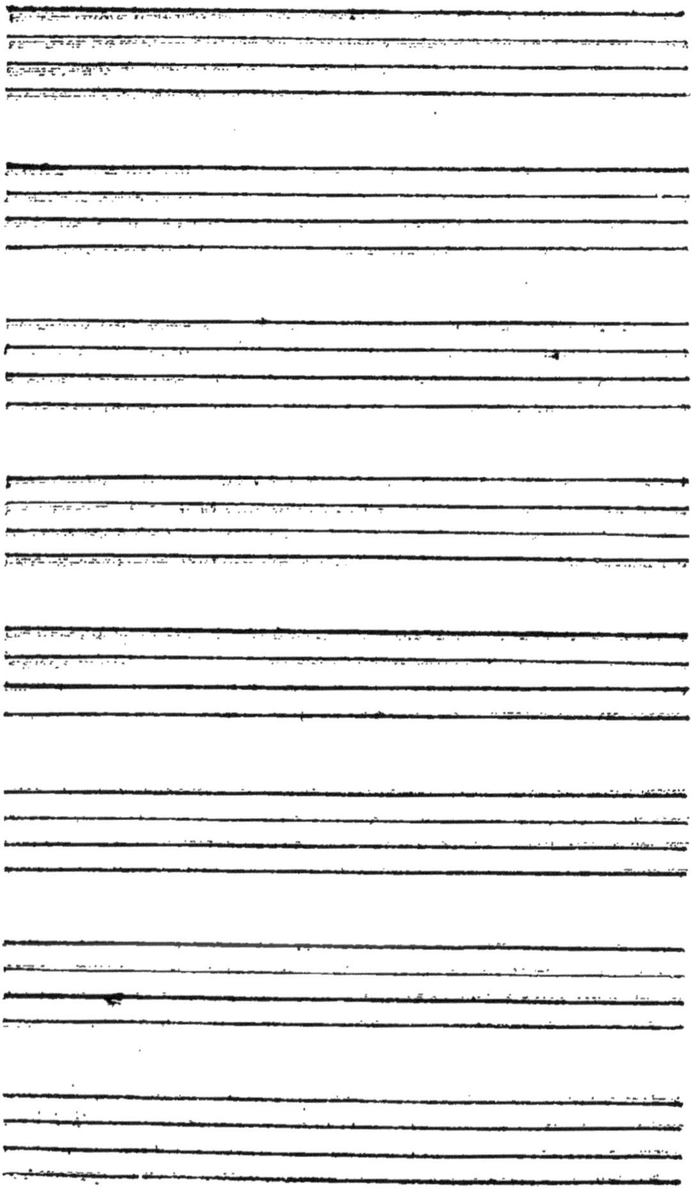

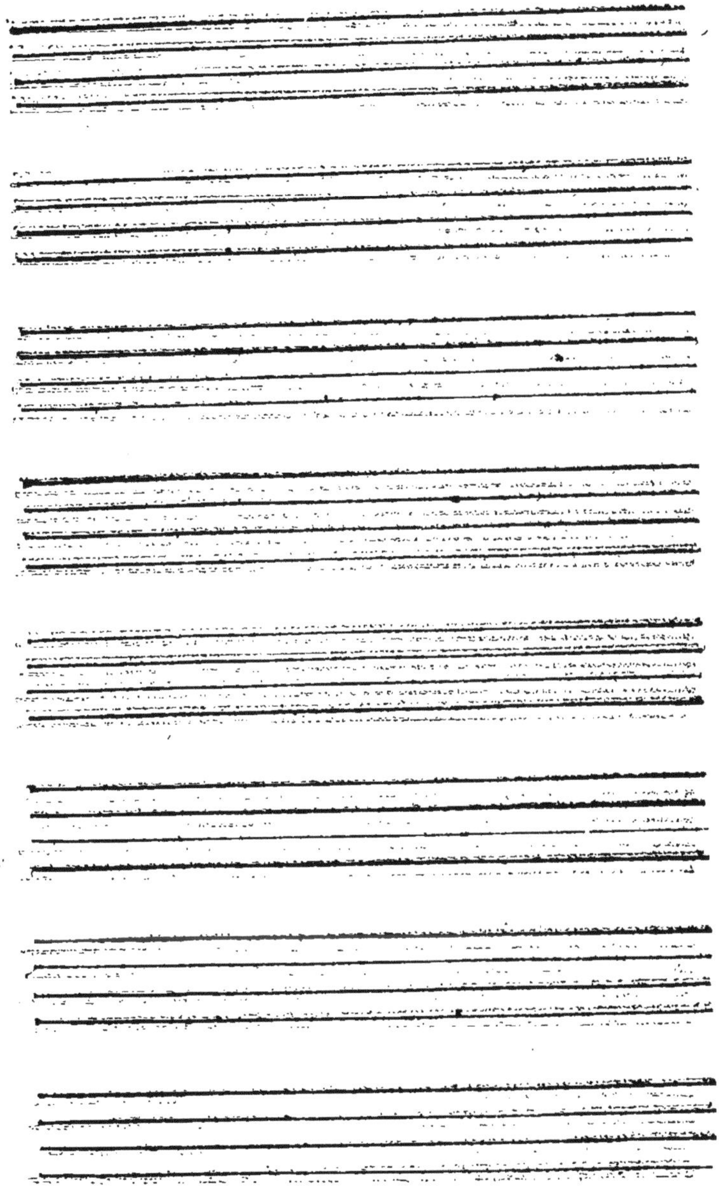

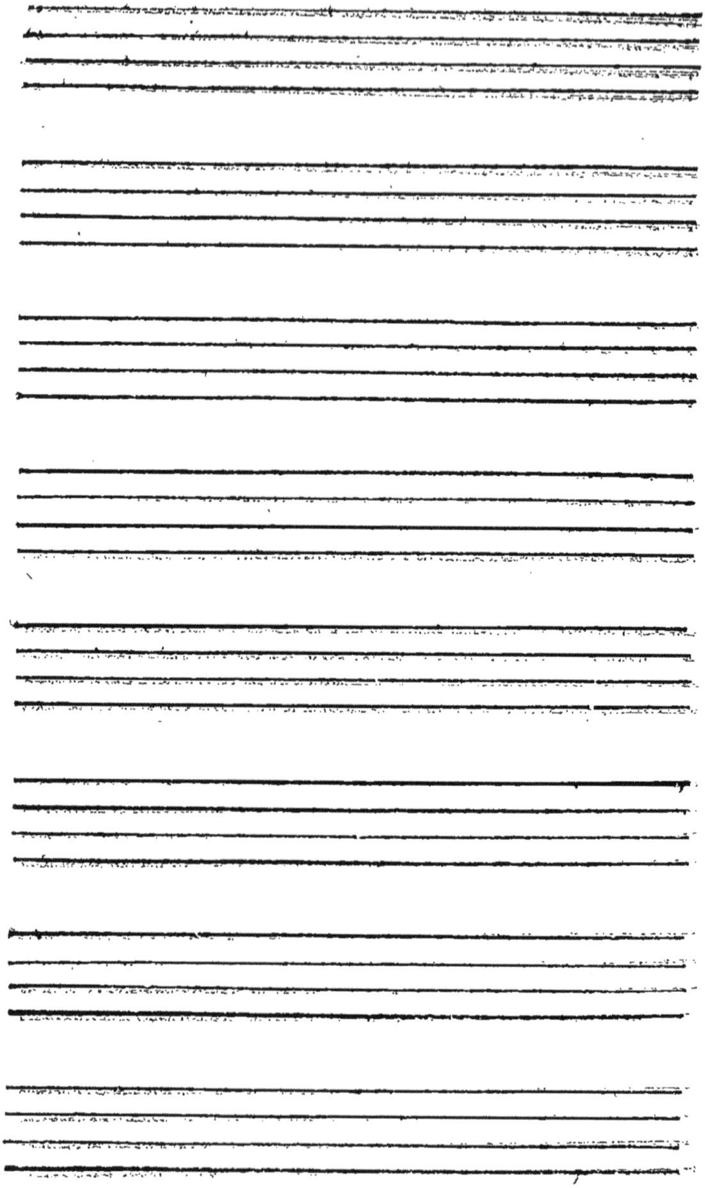

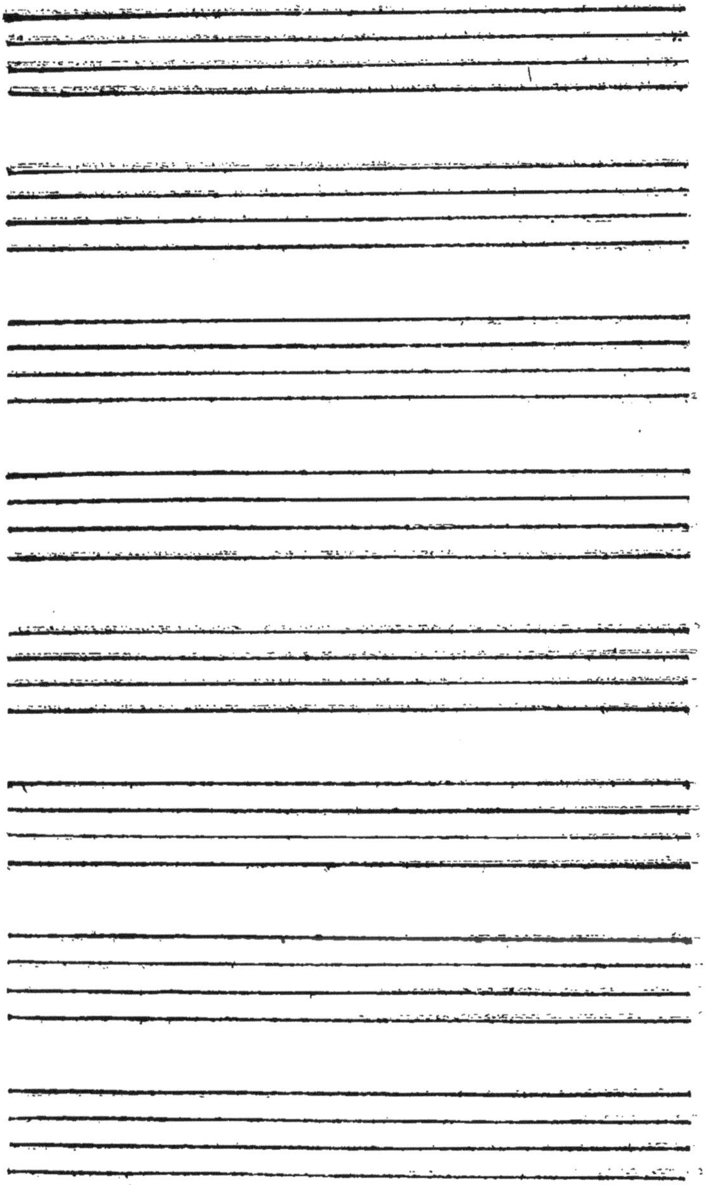

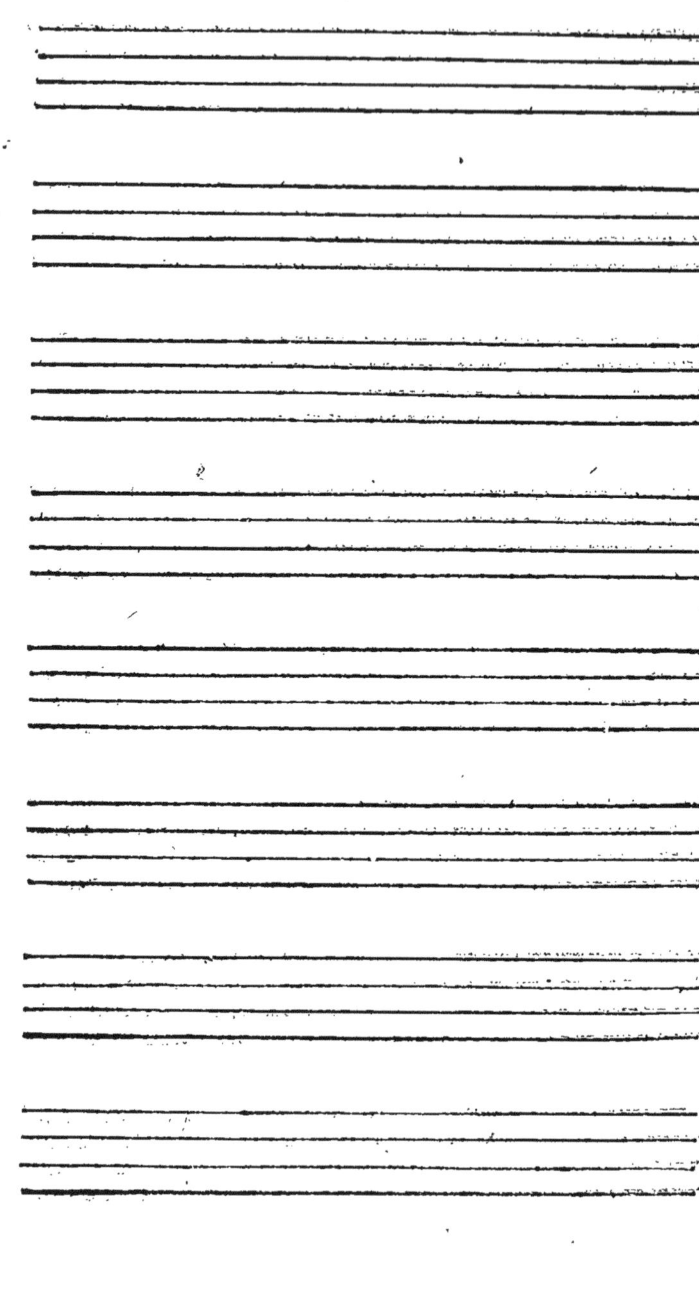

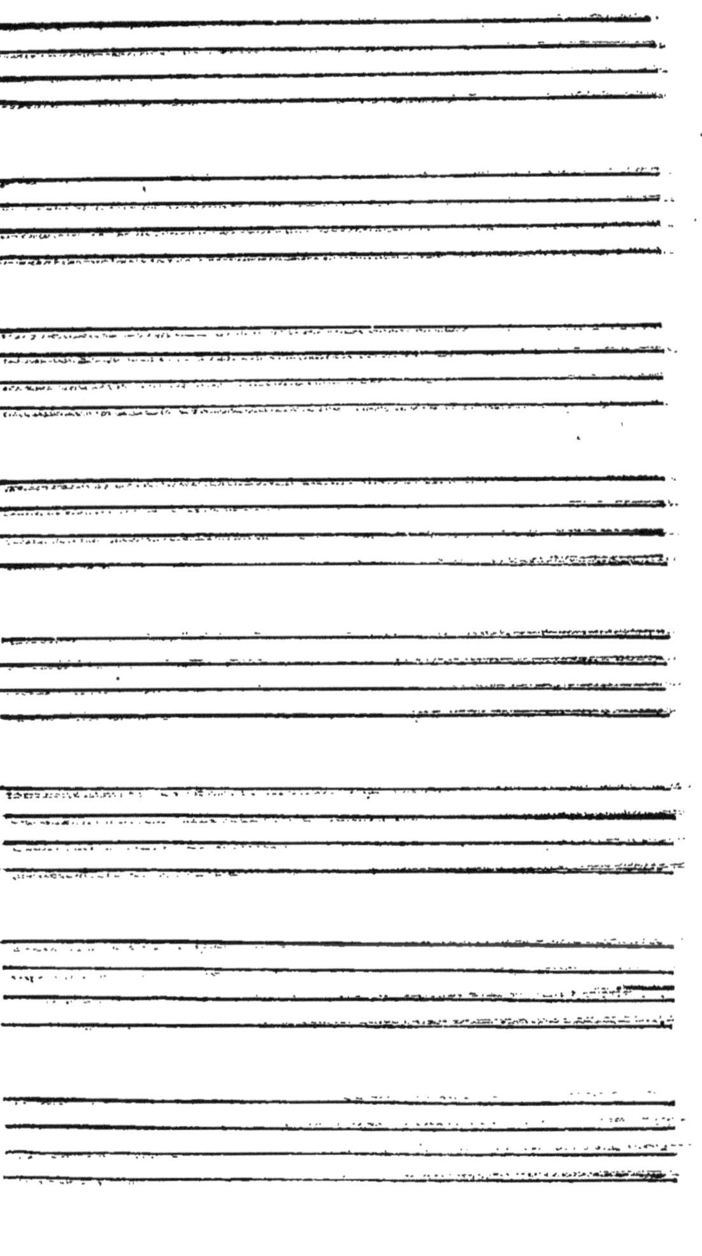

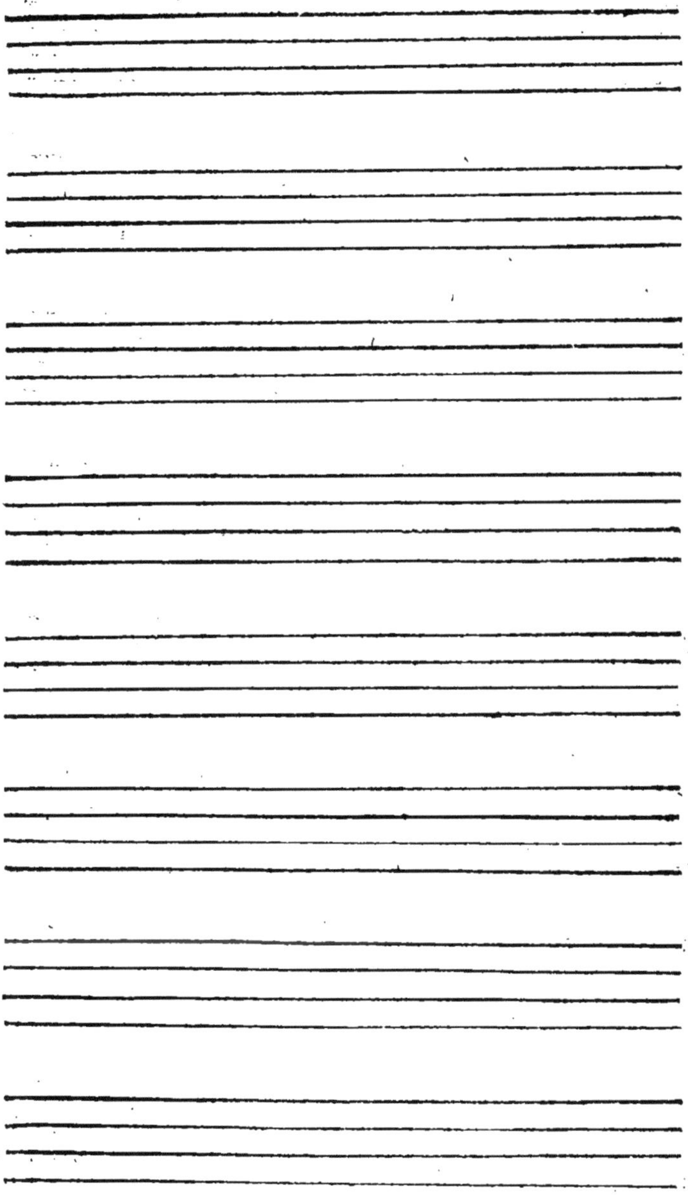

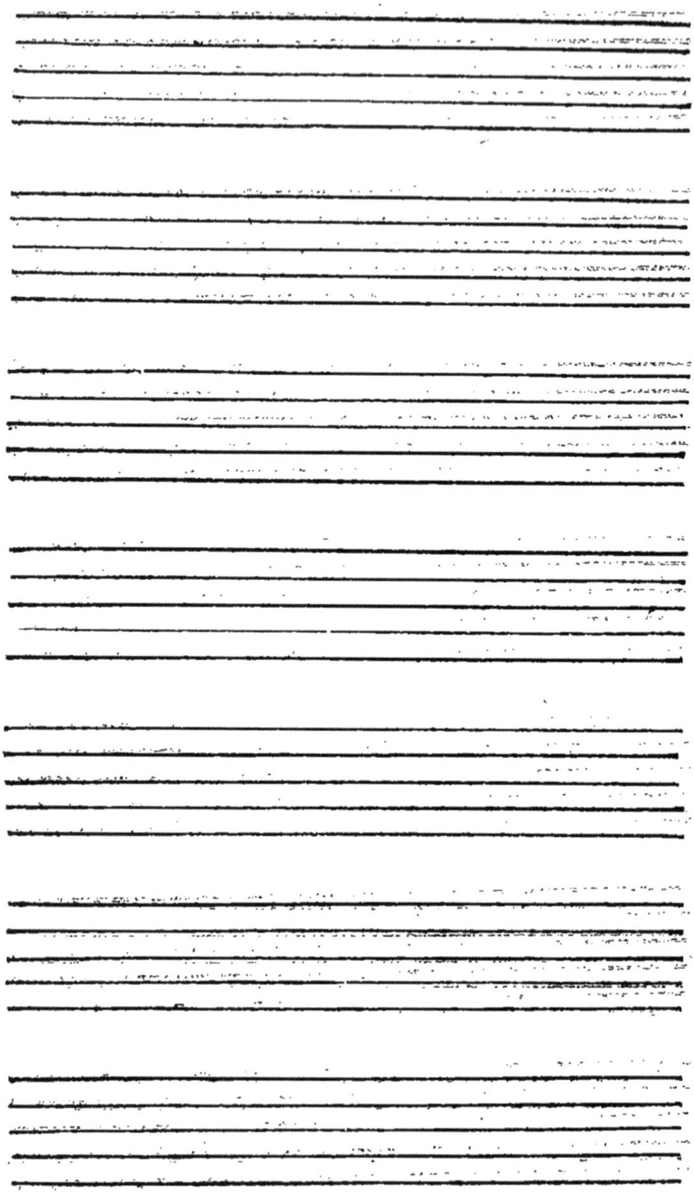

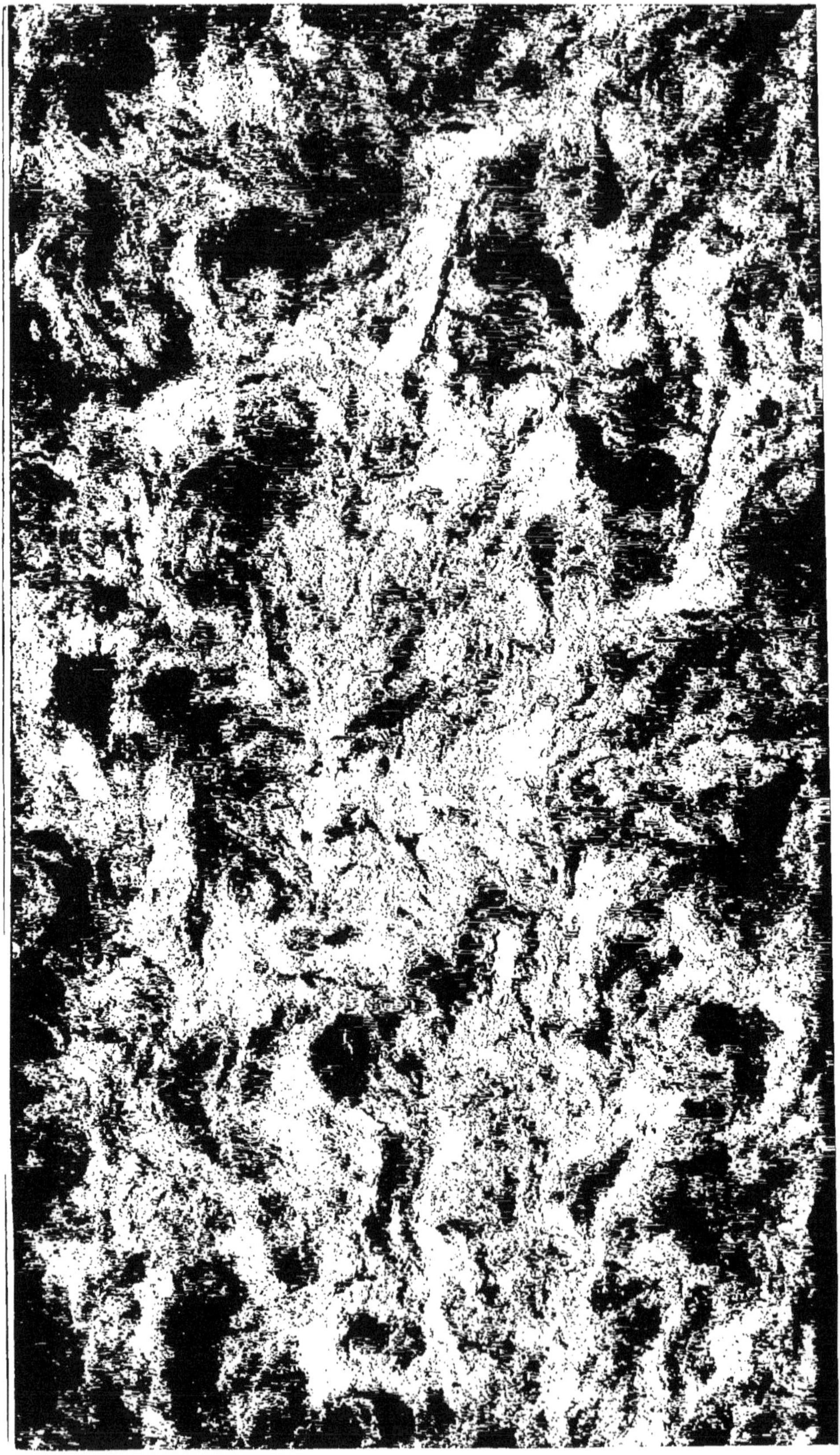

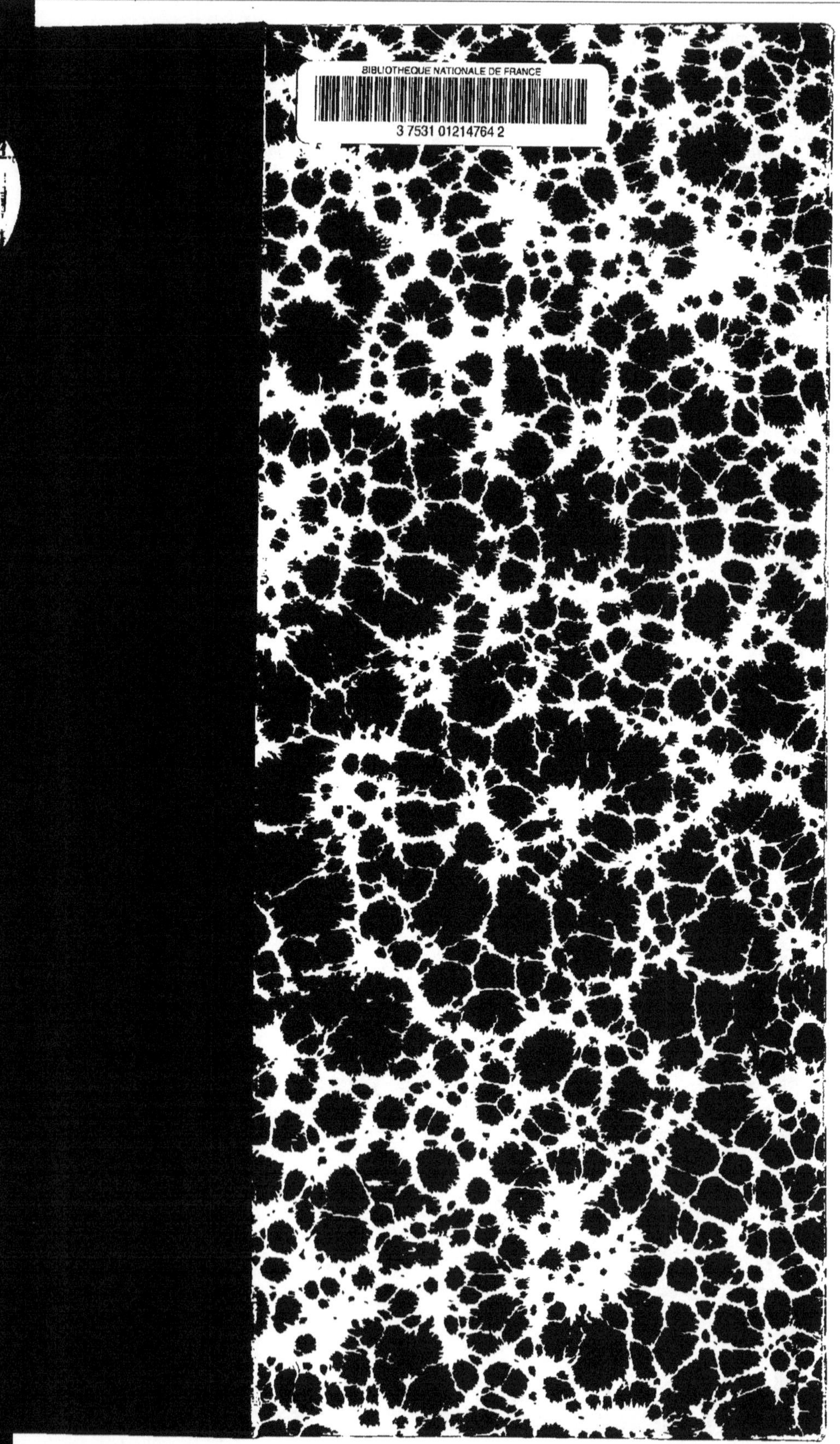

www.ingramcontent.com/pod-product-compliance
Ingram Content Group UK Ltd.
Pitfield, Milton Keynes, MK11 3LW, UK
UKHW020136130726
13696UKWH00001B/379

9 782014 437294